体力測定評価学

編著

須　藤　明　治
山　田　健　二
大　野　貴　弘

文化書房博文社

序文

本書は、体力測定評価学及びその実習Ⅰ・Ⅱで用いるための実習テキストとして発刊されたものであり、その教養課程に在学する学生のための企画である。

現在、2025年を迎え、約800万人いる全ての「団塊の世代」（1947〜1949年生まれ）が後期高齢者（75歳以上）となり国民の5人に1人が後期高齢者という超高齢化社会を迎えた。その結果、大量の後期高齢者を支えるために、社会保障、主に医療・介護、年金などが限界に達し、社会全体に負の影響がもたらされている。内閣府の公表では、75歳以上の後期高齢者人口が2,180万人、65〜74歳の前期高齢者人口が1,497万人に達し、国民の約3人に1人が65歳以上となった。これらの時代背景から、現在は、後期高齢者の医療・介護費の自己負担額1割、残る9割は社会保障費、つまり現役世代が支払っている税金によって補われている。この負担を減らすためにも、一人一人の健康寿命を延ばすことが重要だと訴えられている。厚生労働省は2019年に、2016年に男性72.14歳以上、女性74.79歳だった健康寿命を2040年までに男女ともに3年以上延伸し、男性75.14歳以上、女性77.79歳以上を目指す「健康寿命延伸プラン」を策定し、そのプランの実現に向けて、国民全体が人生の最後まで元気に健康で楽しく毎日が送れることを目標とした「スマート・ライフ・プロジェクト（SLP）」のさらなる充実や、スポーツ庁との連携強化、地域における健康づくりの促進など、さまざまな取り組みが行われている。

健康寿命を延ばすには、「喫煙を控える」「過度な飲酒、暴飲暴食を控える」「睡眠時間を確保する」「ストレスをため込まない」「しっかり休息をとる」「適度に運動する」など、基本的な要素に加えて、「孤立しない」ことも重要だと言われ、年齢を重ねても健康で過ごすために、今のうちから健康的な生活を習慣づけ、趣味が合う仲間とスポーツを楽しんだり、地域のお祭りなどのイベントに参加したり、楽しみながら人とつながり続けることが、最善策と言われている。また、2024年には、アメリカ・ドジャースの大谷翔平選手がワールドチャンピオン・MVPを獲得し、スポーツ科学のデータを駆使したトレーニング成果を上げている。

そこで、本書は、国民の健康指針となる「新体力テスト」の測定方法をメインに、また、競技力向上のためのトレーニング科学の視点から身体を測る基本的な測定方法についてまとめた。スポーツ指導者として有益なテキストになることを切に祈る次第である。

2025年4月1日

須藤　明治

目　次

まえがき ……………………………………………………………………… 3

第1章　身体管理の測定と評価 …………………………………………… 13

1．体力測定の条件 ……………………………………………………… 13

　1）身体組成の測定と評価 ……………………………………………… 17

　　a）身長 …………………………………………………………………… 17

　　b）体重 …………………………………………………………………… 23

　　c）皮下脂肪厚 …………………………………………………………… 23

　　d）腹囲 …………………………………………………………………… 27

　　e）上腕囲 ………………………………………………………………… 28

　2）心拍数と血圧の測定と評価 ………………………………………… 29

　　a）心拍数 ………………………………………………………………… 29

　　b）血圧 …………………………………………………………………… 30

　3）筋力の測定と評価 …………………………………………………… 32

　　a）握力 …………………………………………………………………… 32

　　b）背筋力 ………………………………………………………………… 33

　　c）垂直跳び ……………………………………………………………… 34

　4）全身持久力の測定と評価 …………………………………………… 36

　　a）20mシャトルラン（往復持久走） ………………………………… 36

　　b）自転車エルゴメーター ……………………………………………… 40

　5）新体力テストの測定と評価（20〜64歳対象） …………………… 41

　　a）上体起こし …………………………………………………………… 42

　　b）長座体前屈 …………………………………………………………… 43

　　c）反復横跳び …………………………………………………………… 45

　　d）50m走 ………………………………………………………………… 46

　　e）立ち幅跳び …………………………………………………………… 49

　　f）ソフトボール（ハンドボール）投げ ……………………………… 51

　　g）持久走（男子1500m・女子1000m）（6〜19歳対象） …………… 54

　　h）急歩（男子1500m・女子1000m）（20〜64歳対象） ……………… 61

　　　　ｉ）開眼片足立ち（65〜79歳対象）……………………66

　　　　ｊ）10m障害物歩行（65〜79歳対象）……………………67

　　　　ｋ）6分間歩行（65歳〜79歳）……………………68

　　6）メタボリックシンドロームの測定と評価……………………77

第2章　新体力テストの変遷 ……………………83

1．新体力テストの変遷 ……………………83

　　1）スポーツテストの始まり ……………………83

　　2）運動能力テスト（総合的な体力）……………………83

　　3）体力診断テスト（部位的な体力）……………………83

　　4）新体力テストへの変化 ……………………84

　　5）新体力テストの項目 ……………………84

　　6）新体力テスト実施内容（年代別）……………………85

　　7）体力の変化 ……………………85

2．握力 ……………………88

　　1）定義 ……………………88

　　2）握力の年齢変化 ……………………88

　　3）測定方法 ……………………88

　　4）記録方法と評価方法 ……………………90

　　5）実施上の注意 ……………………90

　　6）握力について ……………………91

3．長座体前屈 ……………………91

　　1）定義 ……………………91

　　2）長座体前屈の年齢変化 ……………………92

　　3）測定方法（準備するもの）……………………92

　　4）測定方法 ……………………93

　　5）記録方法 ……………………94

　　6）実施上の注意点 ……………………94

　　7）長座体前屈について ……………………94

4．上体起こし ……………………95

　　1）定義 ……………………95

　　2）上体起こしの年齢変化 ……………………95

3）測定方法		96
4）記録方法		97
5）実施上の注意点		97
6）上体起こしについて		97

5．反復横跳び 98
- 1）定義 98
- 2）反復横跳びの年齢変化 98
- 3）測定方法（準備するもの） 98
- 4）記録方法 99
- 5）実施上の注意点 99
- 6）反復横跳びのコツ 99
- 7）反復横跳びの目標回数 100
- 8）年齢別反復横跳びの平均値 101

6．立ち幅跳び 101
- 1）定義 101
- 2）立ち幅跳びの年齢変化 102
- 3）測定方法（準備するもの） 102
- 4）測定方法 102
- 5）記録方法 103
- 6）実施上の注意点 103
- 7）立ち幅跳びについて 103
- 8）立ち幅跳びのコツ 104

7．ボール投げ 105
- 1）定義 105
- 2）ボール投げの年齢変化 105
- 3）測定方法（準備するもの） 105
- 4）測定方法 106
- 5）記録方法 106
- 6）実施上の注意点 106
- 7）ボール投げについて 106
- 8）観察評価のポイント 107

8．50m走 108
- 1）定義 108

2）50m走の年齢変化 ………………………………………… 108

　　　3）測定方法（準備するもの） ……………………………… 108

　　　4）記録方法 …………………………………………………… 109

　　　5）実施上の注意点 …………………………………………… 109

　　　6）観察評価のポイント ……………………………………… 110

　　　7）50m走のコツ ……………………………………………… 110

　9．20mシャトルラン …………………………………………… 111

　　　1）定義 ………………………………………………………… 111

　　　2）20mシャトルランの年齢変化 ………………………… 111

　　　3）測定方法 …………………………………………………… 111

　　　4）記録方法 …………………………………………………… 112

　　　5）実施上の注意点 …………………………………………… 113

　　　6）20mシャトルランとは ………………………………… 113

　　　7）スコアを改善する方法 …………………………………… 114

第3章　体力について …………………………………………… 117

　1．体力とは ……………………………………………………… 117

　2．健康とは ……………………………………………………… 118

　3．健康日本21 …………………………………………………… 118

　4．健康増進法 …………………………………………………… 118

　5．健康寿命 ……………………………………………………… 118

　6．健康日本21（第二次） ……………………………………… 119

　7．COPDとは …………………………………………………… 119

　8．ロコモティブシンドローム ………………………………… 120

　9．フレイル ……………………………………………………… 121

　10．サルコペニア ………………………………………………… 122

　11．メタボリックシンドローム ………………………………… 123

第4章　心拍数 …………………………………………………… 125

　1．定義 …………………………………………………………… 125

　2．心拍数の測定方法 …………………………………………… 126

3．最大心拍数 126

4．心拍予備 126

5．姿勢による心拍変動 127

6．浮力の効果と筋活動 127

7．姿勢と血圧 128

8．水圧の効果 128

9．心臓中枢 129

10．眼球圧迫作用 129

第5章　血圧 131

1．定義 131

2．測定方法 132

3．体循環と肺循環 132

4．心筋症 133

5．姿勢変化による血圧変動 133

6．高血圧の改善 134

7．心房性ナトリウム利尿ペプチド 135

8．レニンーアンギオテンシン 135

9．静脈圧迫作用 136

10．ミルキングアクション 137

第6章　発育発達 139

1．身長の発育 139

2．身長発育速度ピーク年齢 140

3．骨格・体重の発育 140

4．発育の類型（スキャモンの発育曲線） 141

5．体型の変化 141

6．BMIとは 143

7．スキャモンの発育曲線とゴールデンエイジ 144

第7章　コーディネーション能力 ………………………………………………… 145
1．コーディネーション能力とは ………………………………………… 145
2．コーディネーション能力の7つの能力 ……………………………… 145
3．コーディネーション能力の留意点 …………………………………… 146
4．コーディネーション能力の例 ………………………………………… 147

第8章　ストレッチ・ショートニング・サイクル ……………………………… 149
1．Jump Meterの測定条件 ……………………………………………… 149
　　1）意義 ……………………………………………………………… 149
　　　　a）タッチ式 ……………………………………………………… 150
　　　　b）ひも式 ………………………………………………………… 150
　　　　c）滞空時間式 …………………………………………………… 151
　　2）測定方法 ………………………………………………………… 151
　　　　a）機器の準備 …………………………………………………… 151
　　　　b）被検者の準備 ………………………………………………… 152
　　　　c）測定方法 ……………………………………………………… 152
　　3）応用例 …………………………………………………………… 152
　　　　a）各種動作条件での垂直跳びの跳躍高 ……………………… 152
2．運動強度の漸増の意義 ………………………………………………… 154
3．骨格筋線維タイプ ……………………………………………………… 155
4．筋肉とエネルギー ……………………………………………………… 155
5．筋の活動様式と発揮される力の大きさ ……………………………… 156
6．運動単位 ………………………………………………………………… 156
7．伸張－短縮サイクル（SSC） ………………………………………… 157
8．プライオメトリックトレーニング …………………………………… 159

第9章　動体視力および全身反応時間 …………………………………………… 161
1．視力について …………………………………………………………… 161
2．動体視力とは …………………………………………………………… 162
3．全身反応時間 …………………………………………………………… 164
4．測定方法（全身反応時間） …………………………………………… 164

5．刺激から動作までの時間 ··· 165

第10章　足把持力 ··· 167
1．意義 ··· 167
2．期待される効果 ··· 167
3．測定方法 ·· 167
4．参考値（平均値） ·· 168
5．足把持力とトレーニング ·· 168
6．足把持力と転倒予防 ·· 169

第11章　静的スタビリティー ······································· 171
1．閉眼片足立ちの測定方法 ·· 171
2．開眼片足立ちの測定方法 ·· 172
3．ファンクショナルリーチテスト（FRT）の測定方法 ················· 172
4．開眼片足立ちとは ·· 174
5．バランス能力の改善方法 ·· 174

第12章　血流と筋硬度 ··· 177
1．酸素動態測定条件 ·· 177
　1）意義 ·· 177
　2）測定方法と評価法 ·· 178
　3）応用例 ·· 179
2．肩こりとは ·· 180
3．肩こりの予防方法 ·· 180
4．ブラジキニンとは ·· 181
5．血流とは ··· 182
6．筋硬度とは ·· 183

第13章　筋電図 ·· 187

1．筋電図とは ·· 187

2．筋電図の計測例 ·· 188

3．針筋電図と表面筋電図 ·· 190

4．筋電図から得られる情報 ··· 191

5．骨格筋の構造 ·· 192

第14章　野球解析 ·· 195

1．ラプソードとは ·· 195

2．測定方法（準備するもの） ·· 196

3．ピッチング測定の項目 ·· 196

4．ストレートの変化量からみるタイプ分け ························ 197

5．ラプソードから得られる3Dイメージ ····························· 197

6．ヒッティング測定の項目 ··· 198

7．ブラスト測定 ·· 198

8．飛距離に及ぼす打球速度 ··· 199

9．打球速度と打球角度からみた推定飛距離（木製バット） ····· 200

10．球速に対するタイミング ·· 200

11．芯で捉える重要性 ··· 201

12．身体組成とパフォーマンス ··· 202

第15章　統計処理 ·· 203

1．t検定とは ··· 203

2．Excelでのt検定 ·· 204

3．相関関係とは ·· 206

4．Excelでの相関関係 ·· 207

終章　体力測定評価実施 ·· 209

索引 ·· 271

編著者寸描 ·· 273

第1章　身体管理の測定と評価

1. 体力測定の条件

　体力測定の結果は、「集団の体力」と「個人の体力」の両方から評価する必要がある。特に「個人の体力」の測定結果については、指導者が把握するだけでなく、本人にもわかりやすくフィードバックする必要がある。指導者にとっての体力測定の目的および活用法は、地域住民や利用者に必要な体力を見出すことができ、健康づくり事業の発案に役立つ、また、運動効果の把握、運動プログラムへの参加の動機づけ、報告書の作成などがあげられる。参加者にとっての体力測定の目的および活用法としては、自分の現在の体力の把握、体力の弱点の発見、その後の課題発見、また、生活習慣の見直し、運動実践への動機付け、高齢者の日常生活動作への注意の促進などがあげられる（表1）（表2）[21]。体力と運動能力の関係について、体力とは、基礎的な身体機能が統合されて運動にかかわるときの能力のことであり、3つに分類されている。1つ目は、ハイパワーの体力（クレアチンリン酸量）、2つ目は、ミドルパワーの体力（肝臓での乳酸処理能力）、3つ目は、ローパワーの体力（筋肉内のエネルギー源量、酸素摂取量）であり、これらを組み合わせることにより瞬発力、持久力の測定ができる。その体力が基盤となる動作を行い、パフォーマンスとして数値化されたものを運動能力といい、基礎運動能力（バランス、リズム、タイミング）と運動動作能力（走る、跳ぶ、投げる）の2つの要素に分けることができる。

　平成11年度文部科学省の新体力テストでは、6～79歳においての共通項目を「握力」

表1. 体力と体力測定の意義[21]

厚生労働省: 健康づくりのための運動基準, 2006
体力とは、「身体活動を遂行する能力に関する多面的な要素(潜在力)の集合体」
狭義の体力の構成要素
「全身持久力」「筋力」「バランス能力」「柔軟性」「その他」

文部科学省
体力測定とは、「高齢化の進展に伴い、児童期からの高齢期における国民の体力の現状を明らかにするとともに、その推移を把握するためのもの」

表2．適正な体力測定の条件[21]

(1)**妥当性**‥対象者の体力をどの程度正確に測定できるかということ。
　　　　　「論理的妥当性」「内容的妥当性」「基準妥当性」「校正概念妥当性」

(2)**信頼性**‥同一検者が同一対象者に同一の測定を行った場合における結果の一致
　　　度のこと。

(3)**客観性**‥異なる検者が同一対象者に同一の測定を行った場合における結果の一
　　　致度のこと。

(4)**簡便性**‥特別な測定機器を必要とせず、測定方法も簡易であるなど、身近な環境
　　　条件で誰でも簡単に測定が行えること。

(5)**経済性**‥測定する際の経済的・時間的負担の程度が妥当であること。

(6)**安全性**‥種目の設定や測定方法が安全であるか、危険性を含んでいないか、安
　　　全性が確保されているかということ。

(7)**興味性**‥参加者が興味・関心をもち、積極的に取り組むことができる測定である
　　　こと。

(8)**正規性**‥測定値の分布に偏りが少なく、正規分布に近い分布を示していること。

（筋力）「上体起こし」（筋持久力）「長座体前屈」（柔軟性）とし、6〜64歳においての共通項目を「反復横跳び」（敏捷性）「20mシャトルラン」（全身持久力）「立ち幅飛び」（瞬発力）とした。男女ともに6歳から12〜19歳の青少年期にかけて向上傾向を示す。男性では、青少年期後期に最高レベルに達するのに対して、女性では、青少年期前半に最高レベルに達し、その後20歳まで維持する傾向にあった。20歳以降、体力水準は低下し始め、40歳代後半から著しく低下している（図1）（図2）。

第1章 身体管理の測定と評価

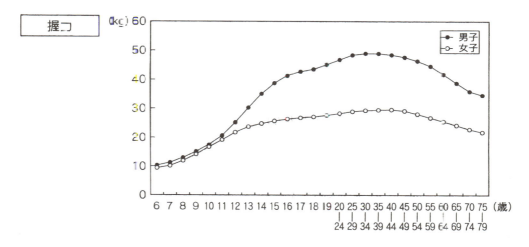

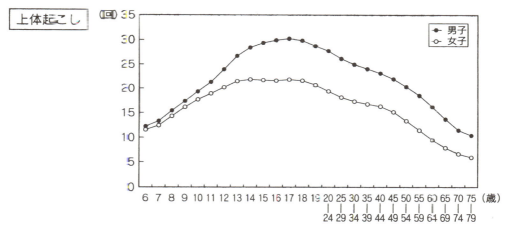

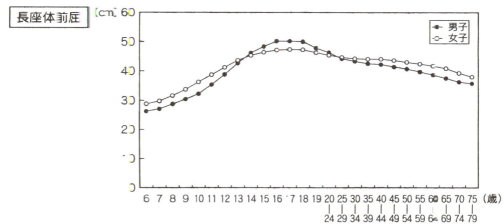

※図は，3…移動平均法を用いて
平滑化している。

(文部科学省2006)

図1　全年齢層（6歳～79歳）共通項目における年齢に伴う体力水準の変化と性差[21]
（財団法人健康・体力づくり事業財団：健康運動指導士養成講習会テキスト（上）（下）、2007）

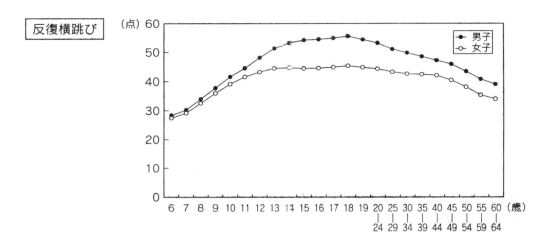

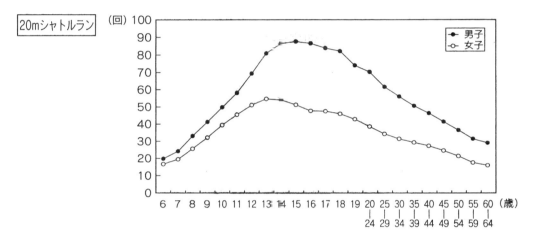

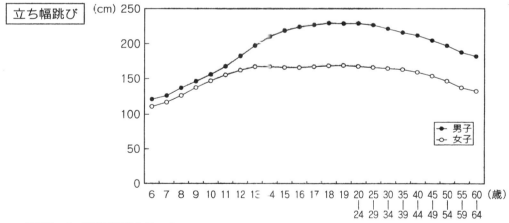

※図は、3…移動平均法を用いて平滑化している。

(文部科学省2006)

図2．6歳～64歳までの共通項目における年齢に伴う体力水準の変化と性差[21]

(財団法人健康・体力づくり事業財団：健康運動指導二養成講習会テキスト（上）（下）、2007)

第1章 身体管理の測定と評価

1）身体組成の測定と評価

a）身長

①意義

　身長は、長育の発育基準であり、体格、体型を表す指標の基準でもある。身体の運動能力とも関係が深く、身体的側面の測定には欠かすことができない必須測定項目である。身長の発達は、男性は10歳代後半まで発育し続け、ほぼ20歳前にピークに達するが、女性の場合は、10歳の半ばにピークとなる。しかし、小学校後半の児童期から中学校初期にかけては、女性が男性を上回る時期がある（図3）。

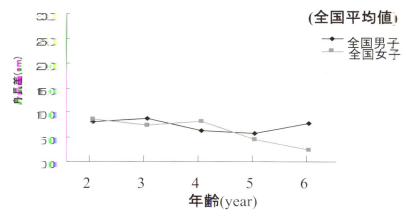

図3-1．0歳から6歳までの身長成長速度曲線

（新・日本人の体力標準値より）

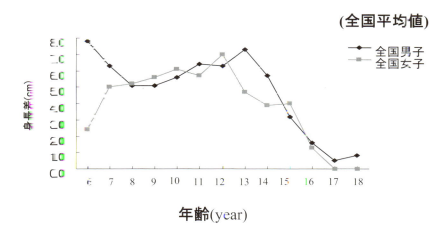

図3-2．6歳から18歳までの身長成長速度曲線

（新・日本人の体力標準値より）

スキャモンの臓器別発育曲線は、1930年代に発表されたものであるが、20歳を成熟到達と考え、その値を100とした時の増加量の大きさを示している（図4）。一般型とは、身長、体重、筋量、骨格（頭部を除く）、呼吸器系、心臓血管系、消化器系などの発育の様子を表している。一般型の代表的な例が身長や体重であるが、出生直後と思春期の2回にわたって急激な増加がみられる。神経型とは、脳・神経系、眼、上部顔面、頭蓋上部などの発育の様子を表している。神経型の代表的な例が脳重量であるが、男子では15歳、女子では9歳頃にほとんど完成する。生殖型とは、男子では精巣、性嚢、前立腺、陰茎、女子では卵巣、卵管、子宮、膣などの発育の様子を表している。生殖型の代表的な例が男子の睾丸重量であるが、12～15歳の思春期にかけて急激な増加がみられ、20歳頃に成熟する。リンパ型とは、リンパ節、胸腺、扁桃、消化管の組織リンパなどの発育の様子を表している。リンパ型の代表的な例が胸腺重量であるが、10歳頃に成人の約2倍程度までピークとなるが以後低下する傾向を示すと言われている。

　近年、思春期成長の発現が年齢的に速くなっていることが明らかにされている。つまり、現在においても発育促進現象が進んでおり、2000年生まれの最大発育年齢は男子で12.25歳、女子は10.39歳と予測され、更に2010年生まれの最大発育年齢は男子で12.20歳、女子は10.36歳と予測されている。そこで、1年間に何cm背が伸びたか、暦年齢ごとの差をプロットすることで、成長速度曲線を算出し、トレーニング計画に役立てることが重要であると知られている。この曲線を以下のように分類する。思春期の身長成長促進現象の始まった年齢をtake off age（TOA）とし、それ以前を第1期（Phase I）、そのTOAから身長最大発育年齢（peak height age；PHA）までが第2期（Phase II）、PHAから身長増加が年間1cm未満となった時点（final height age；FHA）までが第3期（Phase III）、FHA以降を第4期（Phase IV）と

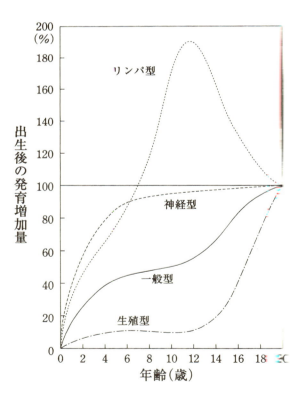

図4．スキャモンの臓器別発育曲線

（マリーナ、R.M、ブシャール、C著、高石昌弘、小林寛道監訳「事典　発育・成熟・運動」大修館書店、1995年）

第1章　身体管理の測定と評価

する（図5）。特に、ジュニア期のトレーニング計画をする際には、身長が急速に伸び出す前の第1期までに、動き作りの中で総合的な体力作りを中心に行い、身長の成長速度がピークとなる年齢前後1年が、最大酸素摂取量の伸び率が高い時期にあたることから、この第2期に持久的なトレーニングを行うとより効果的であることが知られている。次に、身長の成長速度のピークが過ぎた第4期から最大筋力を高めるような筋力トレーニングを本格的に取り入れることが基本となる（図6）（図7）（課題1）（課題2）。

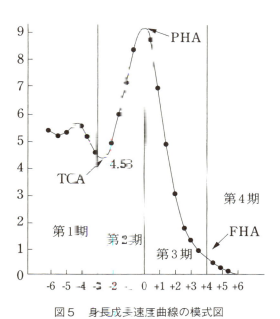

図5　身長成長速度曲線の模式図

（上杉憲司「コーチング クリニック」ベースボールマガジン社、1998年）

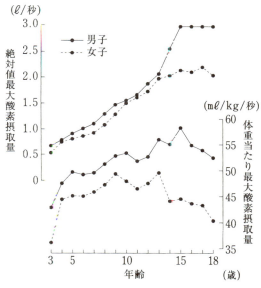

図6．最大酸素摂取量の年齢的変化

（吉沢茂弘）（武藤秀雄、深代千之、深代泰子「子どもの成長とスポーツのしかた」築地書房、1985より作図）

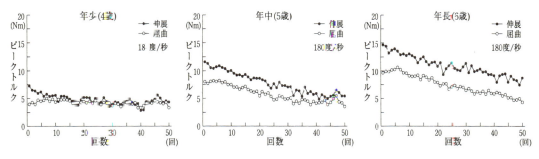

図7．幼児の等速性筋力・筋持久力の発達

（小林寛道「子どもと発育発達」Vol.1、No.1、杏林書院、2003年）

19

②測定方法

　身長計を用いて、裸足の状態で背部を身長計の尺柱につけ、踵、臀部、背部が柱に軽くふれるような直立位の姿勢をとらせる。両足先は、30～40°に開く。頭部は、耳眼水平位にし、頭頂点に横規をあてすばやく目盛りを読みとる（図8）。計測単位は、センチメートルとし、小数第2位以下は四捨五入、第1位までとする。背伸びをしていたり、目線が耳眼水平位をとっていない場合は、正しい直立位をとらせるように注意し、姿勢の矯正の指示は、下部から行うとよい。

③応用例

　「スポーツ専攻学生における身長成長速度曲線」について、調査・研究を行った。子どもたちの肥

図8．身長測定

満傾向、運動不足、体力低下が懸念されている。そこで、今回は、体育専攻学生を対象に思春期の身長成長速度曲線を検討し、思春期の発育発達に応じた運動指導を行うための基礎資料を得ることを目的にした。調査対象は、体育学部に在籍している学生、男子171名、女子41名、計212名であった。調査用紙には、氏名、年齢、スポーツ種目、スポーツ活動歴、及び身長を0歳から18歳まで年齢ごとに直接記入してもらった。以下の結果を得た。1）男女の0歳から18歳までの身長成長速度曲線においては、2歳時及び12歳から18歳の男女間には統計上有意な差が認められた（$p<0.05$）（$p<0.01$）。2）男子の身長の平均以上と平均未満を比較し、0歳から18歳までの身長成長速度曲線において、6歳、8歳、10歳、11歳、13歳から16歳の平均以上と平均未満間には統計上有意な差が認められた（$p<0.05$）（$p<0.01$）。3）女子の身長の平均以上と平均未満を比較し、0歳から18歳までの身長成長速度曲線において、1歳、6歳、13歳、15歳、18歳の平均以上と平均未満間には統計上有意な差が認められた（$p<0.05$）（$p<0.01$）。以上の結果より、身長が高い人ほど成長のピークが遅く現れ、その後持続してゆるやかに下降していく傾向にあった。それに対して、平均未満の男子と女子に関しては、成長のピークが早く現れ、その後持続せずに急激に下降していく傾向にあることがわかった（図9．10．11．12．13．14）。

第1章 身体管理の測定と評価

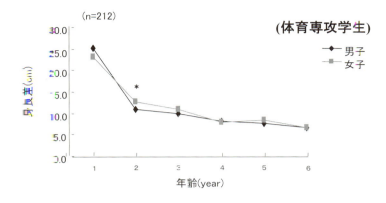

性差: (*);p<0.05, (**);p<0.01

図9. 0歳から6歳までの身長成長速度曲線（須藤、2009）

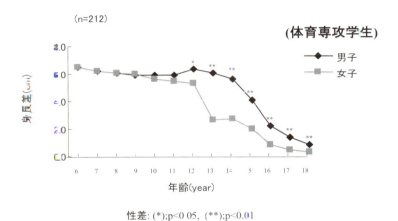

性差: (*);p<0.05, (**);p<0.01

図10. 6歳から18歳までの身長成長速度曲線（須藤、2009）

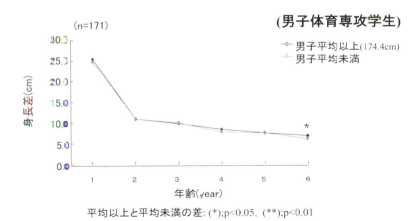

平均以上と平均未満の差: (*);p<0.05, (**);p<0.01

図11. 男子の0歳から6歳までの身長成長速度曲線（平均以上と平均未満の比較）（須藤、2009）

21

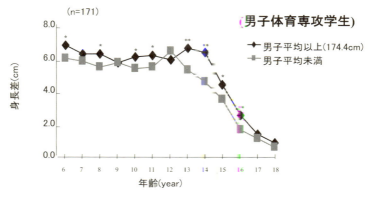

図12. 男子の6歳から18歳までの身長成長速度曲線（平均以上と平均未満の比較）（須藤、2009）

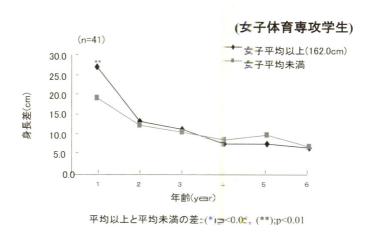

図13. 女子の0歳から6歳までの身長成長速度曲線（平均以上と平均未満の比較）（須藤、2009）

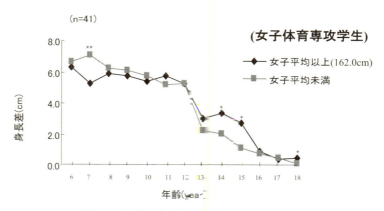

図14. 女子の6歳から18歳までの身長成長速度曲線（平均以上と平均未満の比較）（須藤、2009）

第1章　身体管理の測定と評価

b）体重

①意義

体重は、成長期において身体の発育を表したもので、成人後は心身の変動を表すものである。特に、身長などの情報を加味することで栄養状態や健康状態を判断する指標となる。また、身長に比べて後天的な影響を受けやすい。近年では、運動不足による子供の肥満や栄養の過剰摂取による肥満者の増加、メタボリックシンドロームの提言などから、体重の管理が重要視されている。体重の発達は、10歳くらいまでは、男性が女性をやや上回るが、10歳代前半では女性が男性を上回ることがある。男女ともに20歳前で一応ピークに達するう．男性では30歳を超える頃から、女性では20歳代後半頃から徐々に増加し始め、40歳頃に最大となり、60歳を過ぎたあたりから減少傾向となる。

②測定方法

体重計を用いて、裸体で静かに体重計の中央に立ち、静止した姿勢を保ったところで目盛りを読む。裸体であることが望ましいが、衣類を着用の場合は、衣類の重量を計量して算出する。計測単位は、キログラムとし、小数点第2位以下は四捨五入、第1位までとする。なお、体重計測の約1時間前からは飲食をしないこと、計測前の排尿を施行させること、体重計の安定を行うことが必要である。

c）皮下脂肪厚

①意義

皮下脂肪厚は、従来より栄養判定の指標とされてきたが、肥満者の増加に伴い、体脂肪量の間接的な推定に用いられている。特に、身体密度と皮下脂肪厚の相関から、回帰方程式を作成し算出している。皮下脂肪は、男性よりも女性の方が多く、加齢とともにその差が大きくなる傾向がある。上腕背部（上腕三頭筋の中央部）の皮下脂肪厚は、男性では30歳代半ばでピークに達し、以後減少傾向となる。女性では、10歳を過ぎる頃から急速に増加し、40歳代の頃まで増加し続け、60歳以後の減少の度合いは男性より多い。背部（肩甲骨下端部）の皮下脂肪厚は、男女ともに20歳くらいまでは同じような増加傾向を示し、以後、男性の増加傾向はやや鈍り、40歳代でピークに達するのに対し、女性は40歳代後半まで増加し続け、50歳くらいでピークとなる。

②計測方法

ピンチ・キャリパー（皮脂厚計）の計測では、つまむ圧を一定の圧（10g/mm²）に調節しておくことが定められている（キャリブレーション：calibration）（図15）。被検者を直立位の姿勢で立たせ、腕の力を抜いて垂下させる。検者は被検者の後方に立ち、右上腕背部の肩峰突起と肘頭の中間点にあたる上腕後面を、長軸に対して平行につまむ。測定点

23

図15. キャリパーの調節

を中間点にするため、つまむ位置はややうえとなる。皮下脂肪と一緒に左手の親指と人差し指でつまみ、キャリパーを中間点にあて計測する。肩甲骨下部は、肩甲骨下端の直下を、脊柱より肩甲骨下点に向かって斜め下方、約45°をつまむ。計測単位は、ミリメートルとし、小数点第2位以下は四捨五入、第1位までとする。なお、数値の読み取りは、皮脂厚計に一定圧がかかった後2秒以内に読み取る（図16．17．18．19）（表3．4．5．6．7．8）（課題3）。

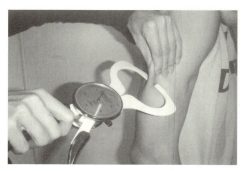
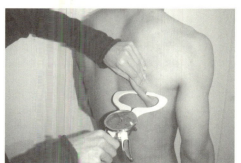

図16. 皮脂厚の測定

```
                                                  対象       水中体重秤量法との相関
長嶺と鈴木（1964）
  男：身体密度＝1.0913−0.00116X                  男：18～27歳   r＝0.747．n＝96
  女：身体密度＝1.0897−0.00133X                  女：18～23歳   r＝0.703．n＝112
    X＝上腕背部と肩甲骨下部の皮脂厚和（単位：mm）

田原ら（1995）
  女：身体密度＝1.08957−0.00053X₁−0.00026X₂     18～66歳     r＝0.776．n＝512
              −0.00019X₃
    X₁＝上腕背部、肩甲骨下部、腹部の皮脂厚和（単位：mm）
    X₂＝大腿部皮脂厚和（単位：mm）
    X₃＝年齢（単位：歳）

宮城ら（1994）
  男：身体密度＝1.11104−0.00053X₁−0.00027X₃     18～22歳     r＝0.851．n＝160
  女：身体密度＝1.11861−0.00054X₂−0.00054X₃     のスポーツ    r＝0.826．n＝150
    X₁＝胸部、腹部、大腿前部の皮脂厚和（単位：mm）   競技者
    X₂＝胸部、上腕背部、肩甲骨下部の皮脂厚和（単位：mm）
    X₃＝臍位腹囲（単位：cm）
```

図17. 皮脂厚を用いた成人用身体密度推定式[21]

（財団法人健康・体力づくり事業財団：健康運動指導士養成講習会テキスト（上）（下）、2007）

第1章　身体管理の測定と評価

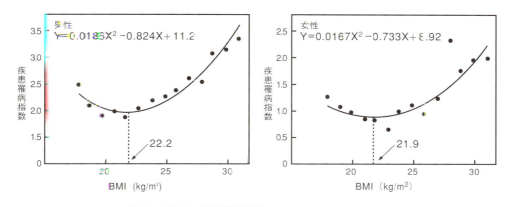

図18．BMIと疾患罹病指数（Matsuzawa et al. 1990）

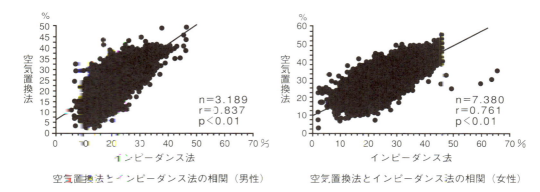

空気置換法とインピーダンス法の相関（男性）　　空気置換法とインピーダンス法の相関（女性）

図19．空気置換法とインピーダンス法の相関[21]

（財団法人健康・体力づくり事業財団：健康運動指導士養成講習会テキスト（上）（下）、2007）

表3．体脂肪測定法[21]

1）水中体重評量法（水中体重法）・・・・アルキメデスの原理
　　　　　　　脂肪組織密度：0.90g/cm³
　　　　　　　除脂肪組織密度：1.10g/cm³
　　　　身体密度＝陸上での体重÷（陸上での体重－水中での体重）÷水の密度－残気量－腸内ガス
　　　　　　　　　　　　　　　　　　　　　　　　　　　　　　　　　　　　　　　（100ml）
2）空気置換法・・・・・・・・・・ボイルの法則
　　　　　　　密封された容器内に入って測定
3）DEXA法・・・・・・・・・X線を用い、骨塩量・骨密度の測定の原理を応用
4）BI法・・・・・・・・・インピーダンスを求めて体水分量を推定
5）超音波法・・・・・・・・超音波の反射波は、異なる組織の境界で反射する
6）キャリパー法・・・・・・・上腕背部・肩胛骨下部の皮下脂肪層を測定
　　　　　　長嶺と鈴木の式（22歳、男性、皮脂厚の和：25mmの場合）
　　　　　　身体密度＝1.0913－0.00116×25＝　1.0623 g/cm³
　　　　　　体脂肪率（Brozekらの式）＝（4.570÷1.0623－4.142）×100＝16.0 ％
7）BMI・・・・・・・・・・体重（kg）÷身長（m）²
　　　　　　体脂肪率の間と相関関係・22付近で心臓血管系疾患の死亡率が急増

表4. 体脂肪量の推定誤差が生じる原因[21]

- 除脂肪密度は、50歳頃から1.10g/cm³ を下回るようになる。
- 水中体重法は、テクニックエラーなど2～3%前後の誤差がある。
- 空気置換法は、水中体重法に比べると4%程度高値を示す。
- キャリパー法は、皮下脂肪分布に個人差がある。
- キャリパー法は、アスリートにおいて水中体重法と比して低い。
- キャリパー法は、皮下脂肪量と内臓脂肪量の割合が考慮されていない。

表5. 皮脂厚からの肥満判定基準[21]

性別	年齢階級（歳）	軽度の肥満		肥満		重度の肥満	
		皮脂厚（mm）	体脂肪率（%）	皮脂厚（mm）	体脂肪率（%）	皮脂厚（mm）	体脂肪率（%）
男性	6 ～ 8	20	20	30	25	40	30
	9 ～11	23	20	32	25	40	30
	12～14	25	20	35	25	45	30
	15～18	30	20	40	25	50	30
	成人	35	20	45	25	55	30
女性	6 ～ 8	25	25	35	25	45	35
	9 ～11	30	25	37	25	45	35
	12～14	35	25	40	25	50	35
	15～18	40	30	50	30	55	40
	成人	45	30	55	30	60	40

Siri	%fat＝	$(4.950/$身体密度$-4.500)\times100$	除脂肪組織の密度1.10g/cm³
Brožekら	%fat＝	$(4.570/$身体密度$-4.142)\times100$	除脂肪組織の密度1.10g/cm³
Lohmanら	%fat＝	$(5.300/$身体密度$-4.890)\times100$	除脂肪組織の密度1.085g/cm³

（財団法人健康・体力づくり事業財団：健康運動指導士養成講習会テキスト（上）（下）、2007）

表6. 水中体重法と種々の推定式を用いた体脂肪率の推定値[21]

被検者	水中体重秤量法	超音波法	キャリパー法	インピーダンス法
A	26.3	26.3	25.0	21.4
B	23.6	26.5	22.2	32.1
C	29.1	29.4	29.0	33.9
D	18.4	17.3	13.0	15.3
E	21.7	20.5	21.7	22.8
F	27.6	21.7	18.4	25.9
G	14.0	16.2	11.9	22.6
H	21.8	22.1	18.9	26.4
平均値	22.8	22.5	20.0	25.1
標準偏差	5.0	4.6	5.7	6.0

（財団法人健康・体力づくり事業財団：健康運動指導士養成講習会テキスト（上）（下）、2007）

表7. 空気置換法とBI法による体脂肪率の比較[21]

	男性	女性
症例数	3,189	7,380
年齢（歳）	43.9±14.5	42.9±14.5
体重（kg）	69.5±11.3	55.0±9.0
BMI（kg/m²）	24.4±3.5	22.6±3.7
体脂肪率（%）空気置換法	24.4±6.6	31.2±7.0
体脂肪率（%）インピーダンス法	20.3±5.1	25.7±6.8
ウエスト（cm）	83.7±10.0	72.0±9.8
ヒップ（cm）	93.7±6.1	90.7±5.9
ウエスト・ヒップ比	0.89±0.07	0.79±0.08

平均値±標準偏差

（財団法人健康・体力づくり事業財団：健康運動指導士養成講習会テキスト（上）（下）、2007）

表8. BMIによる肥満の判定基準[21]

BMI値	日本肥満学会基準	WHO基準
18.5未満	低体重	underweight
18.5以上25.0未満	普通体重	normal range
25.0以上30.0未満	肥満（1度）	preobese
30.0以上35.0未満	肥満（2度）	obese I
35.0以上40.0未満	肥満（3度）	obese II
40.0以上	肥満（4度）	obese III

（財団法人健康・体力づくり事業財団：健康運動指導士養成講習会テキスト（上）（下）、2007）

d）腹囲

①定義

　腹囲は計測する部位により大きさが異なり、一般的には腰部最小囲の周囲径のことである。栄養状態や体質・体型の判定指数となる。また、腹囲は消化器内の状態によって左右されることから、子供を対象にしては計測されていない。近年では、メタボリックシンドロームの判定基準となっている腹囲は、臍囲である。男性は85cm以上、女性は90cm以上が内臓脂肪面積100平方cm以上に相当するといわれている。

②測定方法

　巻き尺を用い、被検者を直立位の姿勢で立たせ、腕の力を抜いて垂下させ、腹囲であれば最小の周囲を水平に一周させて計測する

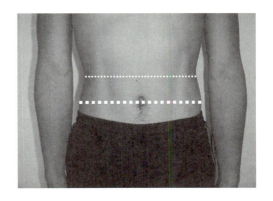

図20. 腹囲測定

（図20）。メタボリックシンドロームの臍囲であれば、臍囲を水平に一周させて計測する。臍囲が計測不可能な場合は、BMIで代用することもできる（BMI：25以上）。計測単位は、センチメートルとし、小数点第2位以下は四捨五入、第1位までとする。

e）上腕囲
　①定義
　上腕囲は、栄養摂取状態の尺度として、さらには、腕筋力との深い関係がある指標として認められている。上腕囲では、腕を伸ばした状態の上腕伸展囲と肘を曲げて力を入れた時の上腕屈曲囲がある。上腕屈曲時と伸展時の差に、筋肉の緊張膨大力を示し、体型の分類や筋力の大小を表すものとされている。
　②測定方法
　上腕伸展囲の計測は、肩の下に垂らした状態で巻き尺を用いて上腕中央部の最も太い部分を上腕直軸に対し、垂直に計測する（図21）。国際体力テスト標準化委員会では、軽く前側方に垂れた位置で緊張しない状態で計測することが決められている。この際、上腕部の外後側は皮下脂肪が極めて柔らかいので巻き尺が食い込まないように注意する。上腕屈曲囲は、肩の高さに水平に上腕を上げ、肘を曲げ力を入れたときに最も太い部分を計測する。左右差が存在すること、軟部組織の測定であること、皮下脂肪量と筋肉力が不透明であることなどを考慮に入れ、それらのことから測定誤差も生じやすい計測であることを認知しておく必要がある。計測単位は、センチメートルとし、小数点第2位以下は四捨五入、第1位までとする。

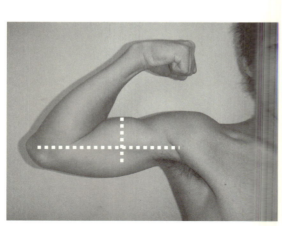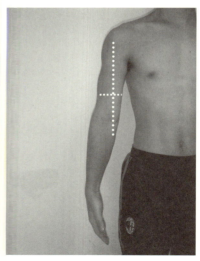

図21．上腕囲測定

2）心拍数と血圧の測定と評価

a）心拍数
①定義
　安静時心拍数は、成人男性で約65〜75拍／分、成人女性で約70〜80拍／分といわれている。運動習慣のある人では、一般的に低値をとるといわれ、毎日ジョギングなどをしている人では50拍／分以下の人もいる。また、マラソン選手などでは、40拍／分以下の人もいる。運動中の心拍数は、運動強度に比例するので運動強度の指標として用いられる（図22）。ただし、心拍数が比較的低いところでは情緒的興奮や精神緊張の影響が相対的に強く影響されるため比例関係にない。また、最大心拍数に近いところでも比例関係からはずれる傾向がある。心拍数が120〜170拍／分の範囲であれば心拍数と運動強度は比例関係にあると考えられている。運動開始前に心拍数を測定することにより、運動による事故を未然に防ぐことができる。心拍数を測る意義として、一般的に安静時心拍数が100拍／分以上の時、または不整脈が認められる時は、運動の参加を控えた方がよい。個人の適正な運動強度を知り、指導することができる。運動中の心拍数を測定することにより、オーバーワークにならないようにして安全を確認できる。

②測定方法
　心拍数の測定は、頸部（頸動脈）、手首の親指側（動脈）、胸壁の心臓部の3カ所のいずれかで触診する。10秒間の心拍数を測定し、それを6倍する。実際の1分間値よりもやや低めになる（図23）（課題4）。

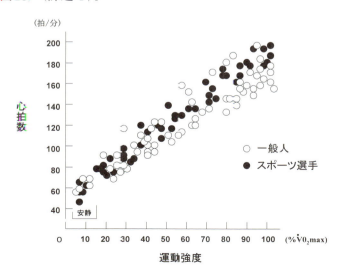

図22．運動強度と心拍数
（宮下充正：トレーニングの科学的基礎．ブックハウスHD、p59、1993より改変）

③応用例

「男子大学生における姿勢変化時の心拍・血圧変動の検討」について、調査・研究を行った。本研究では男子大学生（162名）を対象とし、姿勢の変化によって心拍の変動を検討した。立位・椅座位・背臥位の各姿勢における心拍数を測定し、身長、体重、年齢、所属クラブ名を記入した。その結果、立位時では70.2±10.3拍／分、椅座位時で63.6±9.9拍／分、背臥位時で58.4±9.0拍／分であった（表9）。

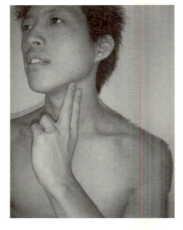
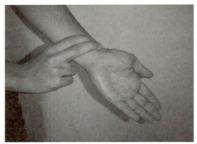

図23. 心拍数測定

表9. 姿勢変化における心拍変動（須藤、2008）

	立位	椅座位	背臥位
non	72.6±—	67.0±10.7 **	61.1±9.4 **,##
サッカー	69.3±—	64.0±9.1 **	58.1±8.8 **,##
陸上	66.9±—	57.3±7.0 **	55.1±8.4 **
野球	70.8±—	64.5±7.4 **	59.1±8.6 **,##
ラグビー	69.2±—	61.6±11.8 **	60.9±11.0 **
バレー	72.6±—	67.3±8.8 *	61.4±6.7 **,##
卓球	74.8±—	63.0±6.6 **	61.4±6.1 **,##
バスケ	73.0±—	66.4±16.5 *	62.1±15.1 **,#
野外活動	67.3±—	59.9±5.0 *	51.7±4.5 **,#
球技総合	70.3±—	63.8±9.6 **	58.9±9.0 **,##
全体	70.2±—	63.6±9.9 **	58.4±9.0 **,##

（*立位VS椅座位、**立位VS背臥位、##椅座位VS背臥位）
（*：0.05、**：0.01、#：0.05、##：0.01）

b）血圧

①定義

安静時の血圧値は、加齢とともに徐々に高くなる。定期的な運動が血圧を低下させることは数多くのデータから知られている。運動には、血管を弛める効果や老化に伴う動脈の弾力性の低下を防ぐ作用があり、血管の拡張性を保持ないしは高め、血圧を正常に保つといわれている。運動中の血圧は、運動強度に比例して収縮期血圧は上昇する。これに対して拡張期血圧はあまり変化しないことが知られている。特に、血圧は、血液が血管壁に及ぼす圧のことで、体の末端まで血液を送り、酸素や栄養分を送るために必要とされている。運動前の収縮期血圧が160mmHg、拡張期血圧が95mmHg以上の時、運動の参加を控えた方がよいとされている。また、運動負荷試験では、重症高血圧（収縮期>200mmHg、拡張期>110mmHgのいずれかを満たす）者は禁忌とされている。また、運動負荷試験の中止基準としては、運動

第1章　身体管理の測定と評価

強度の増加にかかわらず収縮期血圧が直前の測定値より10mmHg以上低下する場合は中止とされている。

②測定方法

血圧の測定は、ゴム囊を布で覆った圧迫帯を上腕部に巻き、上腕動脈に聴診器を置いて、ゴム囊に吸気を送り内圧を高め、水銀計で読み取る。ゴム囊の内圧を上げてから、徐々に下げていき、血管音（コロトコフ音）が聞こえ始める時が収縮期血圧値である。さら

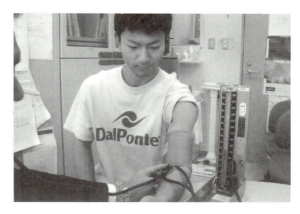

図24．血圧測定

に、内圧を下げて急に音が小さくなり聞こえなくなる時が拡張期血圧となる（図24）。（課題5）

③応用例

「男子大学生における姿勢変化時の心拍・血圧変動の検討」について、調査・研究を行った。本研究では男子大学生（162名）を対象とし、姿勢の変化によって血圧の変動を検討した。立位・椅座位・背臥位の各姿勢における血圧を測定し、身長、体重、年齢、所属クラブ名を記入した。その結果、立位時では124.0/71.1mmHg、椅座位時で119.4/67.0mmHg、背臥位時で112.2/60.1mmHgであった（表10．11）。

表10．姿勢変化における収縮期血圧変動（須藤、2008）

	立位	椅座位	背臥位
Non	125.2±12.8	121.6±10.3 **	114.3±11.6 **,##
サッカー	122.4±12.8	114.8±12.6 **	111.8±10.3 **
陸上	120.8±9.5	119.3±8.5	109.5±8.3 **,##
野球	124.6±11.2	119.1±9.7 *	114.5±9.7 **
ラグビー	124.9±12.0	120.2±8.9 *	110.7±9.3 **,##
バレー	122.9±13.1	116.6±11.7 *	110.6±11.8 **,##
卓球	125.7±13.7	117.7±6.6 *	109.8±9.2 **,#
バスケ	130.3±13.7	127.6±12.5	119.3±13.2 *,#
野外活動	123.9±8.5	118.4±7.2 *	108.7±8.4 **,##
球技総合	125.2±13.4	118.4±11.6 **	112.7±10.6 **,##
全体	124.4±13.6	119.4±11.0 **	112.2±10.5 **,##

（＊立位VS椅座位、＊＊立位VS背臥位、＃＃椅座位VS背臥位）
（＊：0.05、＊＊：0.01、＃：0.05、＃＃：0.01）

表11. 姿勢変化における拡張■■圧変動（須藤、2008）

	立位	椅座位	背臥位
Non	71.3±8.5	70.5±3.7 **	62.5±7.9 **,##
サッカー	68.0±7.8	63.8±3.9 *	60.6±5.5 **,#
陸上	71.3±8.9	67.5±1.2 *	58.9±7.3 **,##
野球	72.8±5.5	67.3±7.4 **	61.4±6.3 **,#
ラグビー	71.7±5.6	63.9±3.9 **	56.8±5.5 **,##
バレー	67.8±10.9	64.1±10.0	57.7±9.2 *,##
卓球	69.1±8.3	64.9±3.1 *	55.8±5.2 **,##
バスケ	72.1±9.9	67.1±3.7	62.6±7.2 **
野外活動	72.7±10.2	70.7±3.0	62.4±4.5 **,#
球技総合	70.4±8.1	65.0±7.7 **	59.5±6.4 **,##
全体	71.1±8.8	67.0±5.6 **	60.1±6.9 **,##

（＊立位VS椅座位、＊＊立位VS背臥位、＃＃椅座位VS背臥位）
（＊：0.05、＊＊ 0.01、＃：0.05、＃＃：0.01)

3）筋力の測定と評価

最大負荷試験（1RM）

静的筋力とは、関節を動かすことなく等尺性収縮時に発揮される力のことであり、握力や脚筋力測定などがあげられる。動的筋力とは 一般的に最大負荷試験（良いフォームで1回行うことができる最大重量）が行われ、レジスタンス測定装置やバーベルなどでの測定があげられる（表12）。

表12. 最大負荷試験（1RM）の測定方法[21]

a）ウォーミングアップ（予測最大量の40〜60%の重さ5〜10回繰り返す）

b）1分間程度のストレッチ後、予測最大50〜30%の重さで3〜5回繰り返す

c）b)の段階で1RMに近い重さを確認する。次に、1RMと思われる重さに少量を加え、1回挙上してみる。そこで成功したなら、3〜4分間の休息をとり、3〜5 回の最大努力に挑戦し、1RMを見つける。

d）最後に完全挙上できた値を1RMとする。

a）握力

①定義

手のひらや前腕の静的最大筋力である。時に 筋肉の力をみる代表値としても用いられる。また、握力は、新体力テストの6〜79歳についての共通項目である。

第1章 身体管理の測定と評価

②測定方法

握力計の指針が外側になるように持ち握る。この時、人差し指の第2関節がほぼ直角になるように握りの幅を調節する。握力計に目盛りがついているので、次回の目安にするため第2関節がほぼ直角になる位置を記録しておく。次に、直立の姿勢で立つ、両足は自然に開き、腕を下げ、握力計を身体や衣服にふれないようにして力いっぱい握りしめる。このとき、握力計を上から下へ振り回さないようにする。他の人の計測値と比較する場合や過去の記録と照らし合わせる場合に誤差が生じてしまうからである。左右交互に2回ずつ実施する。記録はキログラム単位とし、キログラム未満は切り捨てる。左右おのおのの良い方の記録を平均し、キログラム未満は四捨五入する。この握力測定は、右・左の順に行い、同一被検者に対して2回続けて行わない。児童の握力を計測する場合は、児童用の物を使用することが望ましい。左右の違いや発達を観察する場合は、左右の良い方の記録を記載しておくことが大切である（図25）。

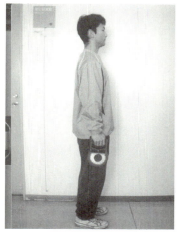 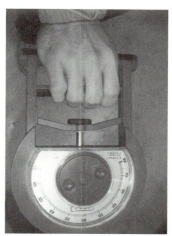

図25. 握力測定

b）背筋力

①定義

体幹背部の静的最大筋力である。背筋力は背筋だけでなく全身の筋力が関わっている。従って、背筋力は全身の筋力をみる尺度と考えても良い。身長との相関関係は認められていないが、体重との相関関係は認められている。なお、1999年からの「新体力テスト」

 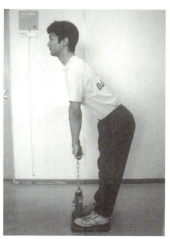

図26. 背筋力測定

33

の項目には、含まれていない。

②測定方法

背筋力計の台の上に両足先を15cmくらい離して立ち、膝を伸ばしたままハンドルを握り、背を伸ばして上体を30度前方に傾ける。この時、検者は側方から30度に傾き、膝が伸び、背すじが曲がっていないことを確認し、ハンドルの位置を調節する。膝を曲げないで上体を起こすように指示する。2回実施し、最高値を採用する。記録はキログラムとし、小数点第2位以下は四捨五入し、同第1位までとする。このテストは、同じ被検者に続けて行わないようにする。また、後方へ引っ張り背筋力計台を持ち上げないように注意する。持ち上げてしまった場合の値は採用しない（図26）。

c）垂直跳び

①定義

筋パワーとは、スポーツ動作を考慮した筋力量のことであり、筋の最大張力は収縮速度が速い程大きくなる。また、筋パワー測定として、フィールドテストも行われる。特に、筋パワーを瞬発力と称し、主に走（25・50・100m：最高走行時間）、跳（立ち幅跳び・垂直跳び：最大距離）、投（ハンド（ソフト）ボール投げ：最大距離）の3つに分けられる。

垂直跳びの記録は、脚筋パワーと深い関係にある。20世紀初期にアメリカで考案されたテストの1つである。日本においても戦前から測定され、文部省制定スポーツテストの一項目となっていた。しかし、体重と負の相関があるなど、他の要因が影響を及ぼすことから、1999年からの「新体力テスト」の項目には含まれていない。

②測定方法

壁式測定法は、壁から20cm離れた床に壁と平行に直線をひき、黒板、チョーク、黒板ふきなどを用意しておく。壁側の指先にチョークの粉をつけ、壁から20cm離れた直線より壁側に入らないように両足をそろえて立つ。その場で高く跳び上がり最高位置で黒板などに指先で印をつける。2回実施し高い方を採用する。高い方の印の真下に片足を壁に接して立ち、手をまっすぐ上に伸ばして指先で記しをつけ、先程の最高到達点との垂直距離を計測する。記録は、センチメートルとし、cm未満は四捨五入する。

紐式測定法は、測定マットの中央に両脚をそろえて

図27．垂直跳び測定

立ち、臍部にベルトで固定する。マットから測定器までのひもをしっかり張る。その場でできるかぎり高く跳び上がり、伸びた長さを測定する。2回実施し、高い方の記録を採用する。着地時にマットからでたり、跳ぶ行為以外の要素によってひもが伸びてしまった場合は無効とする（図27）。

③応用例

「男子大学生におけるスポーツ競技種目におけるジャンプ動作の検討」について、調査・研究を行った。異なったスポーツ競技種目のジャンプ動作に着目して立幅跳び、三段跳び、垂直跳び、連続5回ジャンプを、男子大学生115名を対象に測定した。まず、形態別における跳躍との関係として、身長の増加に伴い三段跳びと垂直跳びの値は増加する傾向にあり、体重の増加に伴い全ての測定項目において値は減少する傾向にあった。そして、主な結果は次の通りであった。1）バレーボール経験者において、前方に遠く跳躍することより、上方へ高く跳躍することを得意としていると推測された。2）陸上競技経験者において、上方へ高く跳躍することより、前方に遠く跳躍することを得意としていると推測された。3）柔道経験者において、体重の増加に伴い跳躍の値は減少する傾向にあることから全体的に低い値を多く示していた。また、立幅跳びのような両足をそろえて前に跳ぶことを苦手としていると推測された。

以上の結果から、身長や体重など形態別における跳躍の特徴は顕著であるが、スポーツ競技種目別においても特徴が確認された（図28．29）。

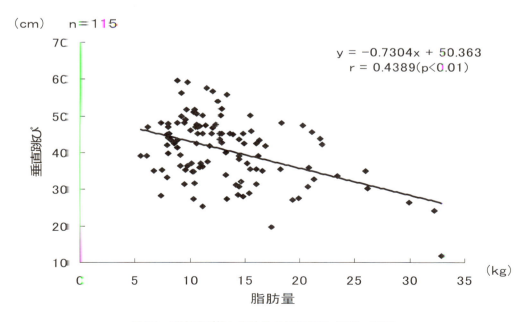

図28．垂直跳び値と脂肪量の相関関係（須藤、2008）

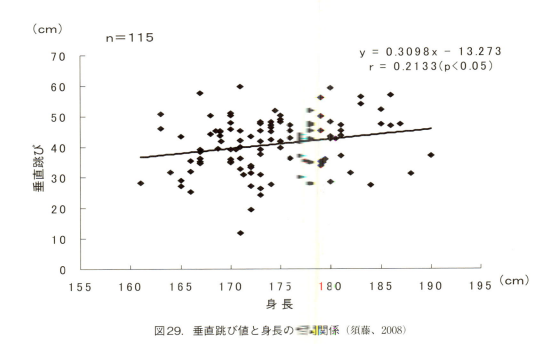

図29. 垂直跳び値と身長の相関関係（須藤、2008）

4）全身持久力の測定と評価

a）20mシャトルラン（往復持久走）

①定義

　全身持久性体力（心肺持久力）とは、強度を一定状態に保って運動させたときのパフォーマンス（仕事量）から評価される。最大酸素摂取量（VO_2max：単位時間当たりの酸素摂取能力）は、肺の換気量・血液の酸素運搬能力・毛細血管の発達の程度・心拍出量・骨格筋における酸素利用能である。

　最大酸素摂取量の間接推定法とは、最大努力を必要としない歩行距離や歩行速度、自転車エルゴメーター、ステップテスト時の心拍数・RPE、物理的仕事量を基に最大酸素摂

表13. 負荷装置からの最大酸素摂取量の違い[21]

　　トレッドミルエルゴメーター(10～15%) ＞ 自転車エルゴメーター
　　　第1の原因・・・運動に使用する活動筋量の違い
　　　　　　全身(5～15%) ＞ 下肢のみ
　　　　　　　　　　下肢のみ(30～40%) ＞ 上肢のみ
　　　第2の原因・・・測定動作の運動様式・順応の違い

第1章　身体管理の測定と評価

表14. 最大酸素摂取量測定のプロトコルの条件の検討課題[21]

a) 単一段階負荷（定常負荷）か複数段階の漸増負荷か

b) 漸増負荷の条件（各段階に1〜3分程度の多段階漸増負荷か）

c) 3〜4秒程度しかかけないramp負荷（直線的漸増負荷か）

d) 途中で休憩を入れない連続負荷か、休憩を入れるインターバル負荷か

自転車エルゴメーターの場合、回転数を一定にしてペダルの重さを漸増させる。

一般成人　　　50〜70回転／分

表15. 最大酸素摂取量の評価指標 (ml/kg/min)[21]

a) VO_2プラトー

b) HRmax＝220－age±10bpmにほぼ達している

c) REP（呼吸交換比: CO_2 / O_2 ＞1.0〜1 5）である

d) 血中乳酸が10m mol/Lに達している

e) RPE（主観的運動強度）が19か20であること

以上、３つ以上該当するとき

取量を推定する方法である。オストランド法では、Astrand-Rythmingモノグラム変法を用い、トレッドミルエルゴメーターによる走運動（酸素摂取量と心拍数）、自転車エルゴメーターによる自転車駆動（酸素摂取量と心拍数、仕事量と心拍数）、ステップテスト（体重と心拍数）において、最大酸素摂取量を推定することができる。しかし、一般的に直接法との誤差は、15〜20%低値であるといわれている（表13. 14. 15）。

②測定方法

テスト用CDまたはテープ及び再生用プレーヤー、20m間隔の２本の平行線を引くためのテープ、平行線の両端に立てるためのポール４本を用意する。

(1) プレーヤーによりCD（テープ）再生を開始する。

(2) 一方の線上に立ち、テストの開始を告げる５秒間のカウントダウンの後の電子音によりスタートする。

(3) 一定の間隔で１音ずつ電子音が鳴る。電子音が次に鳴るまでに20m先の線に達し、足が線を越えるか、触れたら、その場で向きを変える。この動作を繰り返す。電子音の前に線に達してしまった場合は、向きを変え、電子音を待ち、電子音が鳴った後に走り始める。

(4) CD（テープ）によって設定された電子音の間隔は、初めはゆっくりであるが、約

37

1分ごとに電子音の間隔は短くなる。すなわち、走速度は約1分ごとに増加していくので、できる限り電子音の間隔についていけるようにする。

(5) CD（テープ）によって設定された速度を維持できなくなり走るのをやめたとき、または、2回続けてどちらかの足で線に触れることができなくなったときに、テストを終了する。なお、電子音からの遅れが1回の場合、次の電子音に間に合い、遅れを解消できれば、テストを継続することができる。

記録方法

(1) テスト終了時（電子音についていけなくなった直前）の折り返しの総回数を記録とする。ただし、2回続けてどちらかの足で線に触れることができなかったときは、最後に触れることができた折り返しの総回数を記録とする。

(2) 折り返しの総回数から最大酸素摂取量を推定する場合は、参考「20mシャトルラン（往復持久走）最大酸素摂取量推定表」を参照（図31）すること。

実施上の注意

(1) ランニングスピードのコントロールに十分に注意し、電子音の鳴るときには、必ずどちらかの線上にいるようにする。CD（テープ）によって設定された速度で走り続けるようにし、走り続けることができなくなった場合は、自発的に退くことを指導しておく。

(2) テスト実施前のウォーミングアップでは、足首、アキレス腱、膝などの柔軟運動（ストレッチングなどを含む）を十分に行う。

(3) テスト終了後は、ゆっくりとした運動等によるクーリングダウンをする。

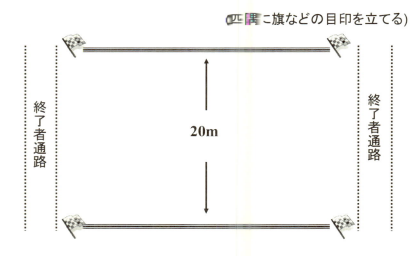

図30. 20mシャトルラン

(4) 被測定者に対し、最初のランニングスピードがどの程度か知らせる。

(5) CDプレーヤー使用時は、音がとんでしまうおそれがあるので、走行場所から離して置く。

(6) 被測定者の健康状態に十分に注意し、疾病及び傷害の有無を確かめ、医師の治療を受けている者や、実施が困難と認められる者については、このテストを実施しない。

	1	2	3	4	5	6	7	8	9	10	11	12	13
Level 1	1	2	3	4	5	6	7						
Level 2	8 ①27.8	9 ②28.0	10 ③28.3	11 ④28.5	12 ⑤28.7	13 ⑥28.9	14 ⑦29.2	15 ⑧29.4					
Level 3	16 ①29.6	17 ②29.8	18 ③30.1	19 ④30.3	20 ⑤30.5	21 ⑥30.7	22 ⑦31.0	23 ⑧31.2					
Level 4	24 ①31.4	25 ②31.6	26 ③31.9	27 ④32.1	28 ⑤32.3	29 ⑥32.5	30 ⑦32.8	31 ⑧33.0	32 ⑨33.2				
Level 5	33 ①33.4	34 ②33.7	35 ③33.9	36 ④34.1	37 ⑤34.3	38 ⑥34.6	39 ⑦34.8	40 ⑧35.0	41 ⑨35.2				
Level 6	42 ①35.5	43 ②35.7	44 ③35.9	45 ④36.1	46 ⑤36.4	47 ⑥36.6	48 ⑦36.8	49 ⑧37.0	50 ⑨37.3	51 ⑩37.5			
Level 7	52 ①37.7	53 ②37.9	54 ③38.2	55 ④38.4	56 ⑤38.6	57 ⑥38.8	58 ⑦39.1	59 ⑧39.3	60 ⑨39.5	61 ⑩39.7			
Level 8	62 ①40.0	63 ②40.2	64 ③40.4	65 ④40.6	66 ⑤40.8	67 ⑥41.1	68 ⑦41.3	69 ⑧41.5	70 ⑨41.8	71 ⑩42.0	72 ⑪42.2		
Level 9	73 ①42.4	74 ②42.7	75 ③42.9	76 ④43.1	77 ⑤43.3	78 ⑥43.6	79 ⑦43.8	80 ⑧44.0	81 ⑨44.2	82 ⑩44.5	83 ⑪44.7		
Level 10	84 ①44.9	85 ②45.1	86 ③45.4	87 ④45.6	88 ⑤45.8	89 ⑥46.0	90 ⑦46.3	91 ⑧46.5	92 ⑨46.7	93 ⑩46.9	94 ⑪47.2		
Level 11	95 ①47.4	96 ②47.6	97 ③47.8	98 ④48.1	99 ⑤48.3	100 ⑥48.5	101 ⑦48.7	102 ⑧49.0	103 ⑨49.2	104 ⑩49.4	105 ⑪49.6	106 ⑫49.9	
Level 12	107 ①50.1	108 ②50.3	109 ③50.5	110 ④50.8	111 ⑤51.0	112 ⑥51.2	113 ⑦51.4	114 ⑧51.7	115 ⑨51.9	116 ⑩52.1	117 ⑪52.3	118 ⑫52.6	
Level 13	119 ①52.3	120 ②53.0	121 ③53.2	122 ④53.5	123 ⑤53.7	124 ⑥53.9	125 ⑦54.1	126 ⑧54.4	127 ⑨54.6	128 ⑩54.8	129 ⑪55.0	130 ⑫55.3	131 ⑬55.5
Level 14	132 ①55.7	133 ②55.9	134 ③56.2	135 ④56.4	136 ⑤56.6	137 ⑥56.8	138 ⑦57.1	139 ⑧57.3	140 ⑨57.5	141 ⑩57.7	142 ⑪58.0	143 ⑫58.2	144 ⑬58.4
Level 15	145 ①58.3	146 ②58.9	147 ③59.1	148 ④59.3	149 ⑤59.5	150 ⑥59.8	151 ⑦60.0	152 ⑧60.2	153 ⑨60.4	154 ⑩60.7	155 ⑪60.9	156 ⑫61.1	157 ⑬61.3

[記録用紙の見方]

レベル数
↓

| Level 14 | 132 ①55.7 | ← トータルシャトル数 |

↑
推定最大酸素摂取量
（ml/kg・分）

図31．20mシャトルランテスト　記録用紙

b）自転車エルゴメーター

①定義

　自転車エルゴメーターを用い、最大酸素摂取量を推定する。運動負荷に、自転車エルゴメーターを使用する方法であるが、体重による負荷を考える必要がないため過体重の方でも実施することができる。

②測定方法

　安静時心拍数を1分間測定する。運動時間は各ステージ3分間とし、ペダルの回転数は50回転（rpm）とする。各ステージの2分及び3分目の最後の15秒～30秒の心拍数を測定し、その差が5拍/分以上の場合には、定常状態を得るために更に1分間延長する。最初の負荷は、25wattsとする。第1ステージ終了時の心拍数に応じて、第2ステージの運動負荷を決定する。第2ステージの負荷は、第1ステージの定常状態の心拍数が80拍/分未満の場合は125watts、80～90拍/分では100watts、90～100拍/分では75watts、101拍/分以上では50wattsとする。第3、第4ステージは、25wattsずつの上昇となる。なお、第2、第3ステージまで心拍数が110拍/分以上かつ70%HR以下になるようにする。

カルボネン方程式（Karvonen Formula）

　%HRreserve ＝（運動時心拍数－安静時心拍数）÷（最大心拍数－安静時心拍数）×100
第4ステージは、必要に応じて行うが、心拍数が70%HRを超えた時点で測定は終了となる。また、低体力者には、各ステージの負荷を低くする必要があることから、性別や各年齢などから最大酸素摂取量の目安をつけ、第1ステージは相対強度の30～40%、第2ステージは50～60%、第3ステージは60～70%になるように負荷を設定する。ただし、50watts以下では、酸素摂取量の推定を行うことは難しい。

（図32、表16）
（課題7）

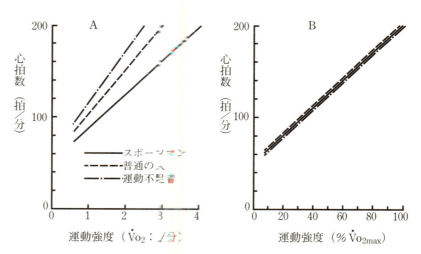

図32. 運動強度と心拍数との関係（池上）

A：同一運動強度に対する心拍数は体力によって異なる。
B：運動強度に%Vo₂maxをとると体力とは無関係な1本の直線になる。

（池上晴夫：運動処方、朝倉書店、P.168、1987）

表16. 自転車エルゴメーターを利用して測定した最大酸素摂取量（ml/kg/分）の評価表

性別	男　　　性					女　　　性				
評価 年齢	かなり 劣る	劣る	普通	優れて いる	かなり 優れて いる	かなり 劣る	劣る	普通	優れて いる	かなり 優れて いる
20-29	-26	27-36	37-47	48-57	58-	-27	28-33	34-39	40-45	46-
30-39	-24	25-33	34-43	44-52	53-	-24	25-30	31-37	38-43	44-
40-49	-22	23-30	31-39	40-47	48-	-20	21-27	28-34	35-14	42-
50-59	-20	21-27	28-35	36-42	43-	-17	18-24	25-32	33-39	40-
60-69	-18	19-24	25-31	32-37	38-	-13	14-21	22-29	30-37	38-
70-79	-16	17-21	22-27	28-32	33-	-10	11-18	19-27	28-35	36-

(厚生省保健医療局健康増進栄養課健康増進関連ビジネス指導室編：改訂・健康増進施設認定の手引き、中央法規、1993　一部変更)

注1）　1kpは1kgの重さを1m持ち上げるときの仕事量。1kpの負荷でペダルを毎分60回転でこぐときの仕事率は360kpm/minとなり、ペダル1回転で6m進む。
注2）　パワー（wat）＝(kp×9.8)×{6×(rpm-60)}
注3）　rpmは1分間当たりの回転数。

5）新体力テストの測定と評価（20〜64歳対象）

　体力を、身体活動特性として筋力〔握力）、筋持久力（上体起こし）、柔軟性（長座体前屈）、筋パワー（立ち幅飛び）、敏捷性（反復横跳び）、全身持久力（20mシャトルラン）などの複数の体力要素と分け、健康を支える基盤としての体力として健康関連体力、運動能力としての体力として技能関連体力としている。生涯における体力づくりの主要な戦略ポイントは、20歳までの成長期における体力発達、40歳以降の体力維持増進、65歳以降の高齢期の自立した生活機能の維持増進である。体力テストの目的としては、①高齢化がますます進展するなかで、高齢者が体力を保持増進し、健康で生き甲斐のある豊かな日常生活を送るための基本となる体力の現状を自ら把握する②体力の現状に基づいて自分に適した運動を適切に行う③体力の現状に応じたスポーツ振興策や健康増進策を講じるための基礎資料を得る、などである。中高年者の体力テストの条件としては、安全な体力テストの実施が重要であり、40歳以上の対象者に健康チェックを実施し、その結果に従って体力テストを実施しなければならない。総合的な体力チェックとして、筋力（握力）、筋持久力（上体起こし）、柔軟性（長座体前屈）、筋パワー（立ち幅飛び）、敏捷性（反復横跳び）、全身持久力（20mシャトルランまたは急歩）を実施、ライフステージ全般にわたっての活用としては、筋力（握力）、筋持久力（上体起こし）、柔軟性（長座体前屈）の3項目を6〜79歳まで実施する。全国値に基づく評価基準を提供しているので参考にすることも大切である。体力づくりを促進する評価としては、動機づけ、内発的意欲の向上がキー

となり、体力年齢などの指標を用いて指導するとよい。健康づくりのための運動指針2006（厚生労働省）では、20歳～69歳を対象に、筋力テスト（椅子座り立ち）・持久力テスト（3分間歩行）が行われている。

a）上体起こし

①意義

上体起こしは、腹筋群の動的持久性を示す測定項目である。新体力テストでは30秒間で何回反復できるのかを測定する。他に、制限時間を用いて体力の延びの指標としたり、トレーニング目標として実施されることもある

②測定方法

準備するものは、ストップウォッチ、マットである。以下に測定手順を示す。

(1) マット上で仰臥姿勢をとり、両手を軽く握り、両腕を胸の前で組む。両膝の角度を90°に保つ。
(2) 補助者は、被測定者の両膝をおさえ、固定する。
(3) 「始め」の合図で、仰臥姿勢から、両肘と両大腿部がつくまで上体を起こす。
(4) すばやく開始時の仰臥姿勢に戻す。
(5) 30秒間、前述の上体起こしを出来るだけ多く繰り返す。

・記録について

(1) 30秒間の上体起こし（両肘と両大腿部がついた）回数を記録する。ただし、仰臥姿勢に戻したとき、背中がマットにつかない場合は回数としない。
(2) 実施は1回とする。

・実施上の注意について

(1) 両腕を組み、両脇をしめる。仰臥姿勢の際には、背中（肩胛骨）がマットにつくまで上体をたおす。
(2) 補助者は被測定者の下肢が動かないように両腕で両膝をしっか

図33. 上体起こし

り固定する。しっかり固定するために、補助者は被測定者より体格が大きい者が望ましい。

(3) 被測定者と補助者の頭がぶつからないように注意する。

(4) 被測定者のメガネは、外すようにする。(図33)

b) 長座体前屈

①長座体前屈は、長座姿勢から腰関節をできるだけ前屈させた時の長さである。前方に伸ばした手の位置をもとに、その柔軟性を測定する。従来行われてきた立位体前屈より危険性も少なく、高齢者などにも安全に実施することができる。

②測定方法

準備するものとしては、幅約22cm・高さ約24cm・奥行き約31cmの箱2個（A4コピー用紙の箱など）、段ボール厚紙1枚（横75～80cm×縦約31cm）、ガムテープ、スケール（1m巻き尺または1mものさし）である。高さ約24cmの箱を、左右約40cm離して平行に置く。その上に段ボール厚紙をのせ、ガムテープで厚紙と箱を固定する（段ボール厚紙が弱い場合に、板などで補強してもよい）。床から段ボールの厚紙の上面までの高さは、25cm（±1cm）とする。右または左の箱の横にスケールを置く。以下に測定手順を示す。

(1) 初期姿勢：

被測定者に、両足を両箱の間に入れ、長座姿勢をとる。壁に背・尻をぴったりとつける。ただし、足首の角度は固定しない。肩幅の広さで両手のひらを下にして、手のひらの中央付近が、厚紙に手前端にかかるように置き、胸を張って、両肘を伸ばしたまま両手で箱を手前に十分に引きつけ、背筋を伸ばす。

(2) 初期姿勢時のスケールの位置

初期姿勢をとったときの箱の手前を右または左の角に零点を合わせる。

(3) 前屈動作：

被測定者は、両手を厚紙から離さずにゆっくりと前屈して、箱全体を真っ直ぐ前方にできるだけ遠くまで滑らせる。このとき、膝が曲がらないように注意する。最大に前屈した後に厚紙から手を離す。

・記録

(1) 初期姿勢から最大前屈時の箱の移動距離をスケールから読み取る。

(2) 記録はセンチメートル単位とし、センチメートル未満は切り捨てる。

(3) 2回実施してよい方の記録をとる。

・実施上の注意

(1) 前屈姿勢をとったとき、膝が曲がらないように気をつける。

(2) 箱が真っ直ぐ前方に移動するように注意する。（ガイドレールを設けてもよい）
(3) 箱がスムーズに滑るように床面の状態に気をつける。
(4) 靴を脱いで実施する。

（図34. 35. 36）（課題8）

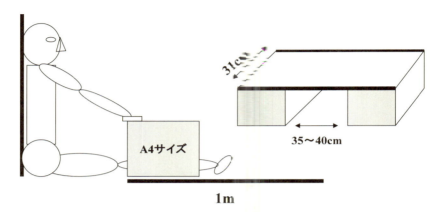

図34. 長座体前屈

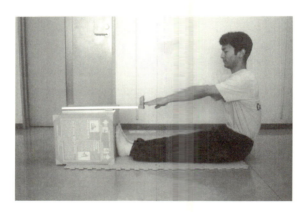

図35. 長座体前屈

第1章　身体管理の測定と評価

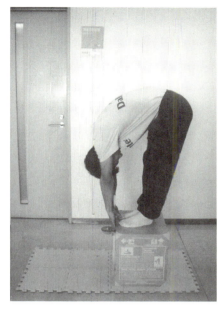

図36．立位体前屈

c）反復横跳び

①定義

サイドステップ動作により敏捷性をみる測定項目である。短時間内に身体を左右に素早く動かすことにより、その能力を判定する。自分自身の体重が負荷となるため、それに耐えうる脚パワーが必要である。また、次の動作への切り替え時間の素早さが要求されることから、神経－筋系の要素も加味される。

②測定方法

準備するものとしては、床の上に、図のように中央ラインを引き、その両側100cmのところに2本の平行ラインを引くことである。また、ストップウォッチも用意する。以下に測定手順を示す。

中央ラインをまたいで立ち、「始め」の合図で右側のラインを越すか、または、踏むまでサイドステップし、（ジャンプしてはいけない）、次に中央ラインに戻り、さらに左側のラインを越すかまたは、触れるまでサイドステップする。

・記録

(1) 上記の運動を20秒間繰り返し、それぞれのラインを通過するごとに1点を与える（右、中央、左、中央で4点になる）。

(2) テストを2回実施してよい方の記録をとる。

45

・実施上の注意
(1) 屋内、屋外のいずれで実施してもよいが、屋外で行う場合は、よく整地された安全で滑りにくい場所で実施すること。
（コンクリート等の上では実施しない）
(2) このテストは、同一の被測定者に対して、続けて行わない。
(3) 次の場合は点数としない。
　　ア．外側のラインを踏まなかったり越えなかったとき。
　　イ．中央ラインをまたがなかったとき。
（図37）

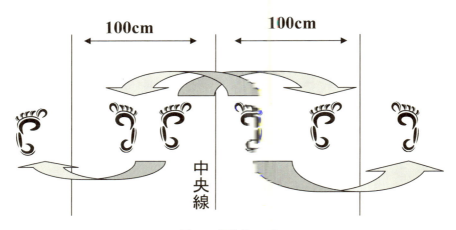

図37．反復横とび

d) 50m走

①定義

50メートル競走は、学校において授業や体力テスト等にも実施される種目である。日本における児童、生徒の標準的な記録は一般の文部省「平成17年度体力・運動能力調査」（抽出）によれば小学校（6歳）の男子で11.57秒、女子で11.94秒、高校生（15歳）の男子で7.51秒、女子で8.98秒であった。

②測定方法

測定準備としては、ストップウォッチ、マッ〜、図のような50m直走路、スタート合図用旗、ストップウォッチを用意する。以下に測定手順を示す。

(1) スタートは、クラウチングスタート（小学生についてはスタンディングスタート）の要領で行う。

(2) スタートの合図は、「位置について」、「用意」の後、音または声を発すると同時に旗を下から上へ振り上げることによって行う。

・記録
(1) スタートの合図からゴールライン上に胴（頭、肩、手、足ではない）が到達するまでに要した時間を計測する。
(2) 記録は1/10秒単位とし、1/10秒未満は切り上げる。
(3) 実施は1回とする。

・実施上の注意
(1) 走路は、セパレートの直走路とし、曲走路や折り返し走路は使わない。
(2) 走者は、スパイクやスターティングブロックなどを使用しない。
(3) ゴールライン前方5mのラインまで走らせるようにする。

（図38）

③応用例

「はだしの短距離走に及ぼす影響」について、調査・研究を行った。運動会・体育祭などに裸足で走ることは、健康に良いとする学校もあれば、怪我の危険性があるとする学校もあるという状況であるが、本研究では靴と裸足ではどちらが速いか50m走を行うことによって検討した。測定方法は、ウォーミングアップ後、一人ずつ50m走を行った。50m走の測定は、各走行の間に2分間のインターバルを設け一人連続で4本走った。実験は2日間に分け、初日に靴、裸足の好きなほうを選択し、二日目は初日とは別な条件で測定を行った。また、実験前後でアンケート調査を実施した。1）被検者は、体育学部の男子学生7名（年齢21.7±0.8歳、身長172.1±3.3cm、体重59.2±9.3kg、%fat13.7±3.1%）で

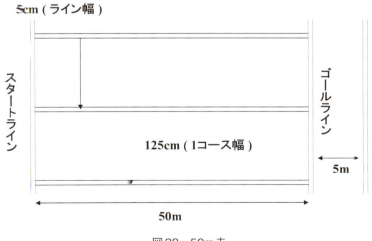

図38. 50m走

あり、運動種目はサッカー2名、バレーボール1名、硬式テニス1名であった。2）裸足条件、靴条件の結果の比較より、裸足条件のほうが速かった（p<0.05）。3）アンケートの調査により、裸足条件では地面を蹴りやすく速く走れた感じがしたという意見が多い反面、足への衝撃が強いという意見があった。靴条件では、安定して走りやすいという意見が多く、否定的な意見が少ないという結果が示された。

　以上の結果より、靴条件に比べ、裸足条件のほうが速いことがわかった。これは、裸足になることによって、床反力が直接足に伝わり、結果として大きな力を発揮できたのではないかと考えられた。これらの結果から、幼児ころに行うはだし教育は、足に伝わる刺激をより敏感にし、力を発揮できるようにさせるのではないかと考えられた（図39.40.41）（表17）。

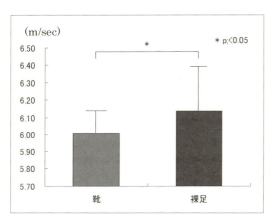

図39. 20m地点の平均速度の比較

（山田・須藤、2009）

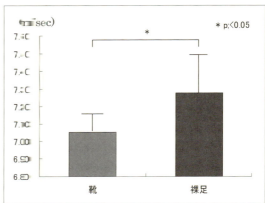

図40. 50m地点の平均速度の比較

（山田・須藤、2009）

図41. はだし50m走

表17. 被検者の身体的特徴

氏名	身長（cm）	体重（kg）	%fat（%）	年齢	運動種目	運動頻度
H.A	178.5	66.9	16	22	サッカー	週 1 回
Y.A	176.2	74.4	15	21	バレーボール	週 3 回
G.K	183.4	75.4	15	21	バレーボール	週 0 回
A.K	178.0	68.5	18	21	硬式テニス	週 2 回
H.S	168.3	48.7	16	23	バレーボール	週 0 回
Y.T	174.5	66.6	17	22	バレーボール	週 3 回
K.Y	173.5	62.2	11	22	サッカー	週 1 回
AVERAGE	172.1	59.2	13.7	21.7		
標準偏差	3.3	9.3	3.3	0.8		

e）立ち幅跳び

①定義

直立姿勢で立ち、助走なしに身体の屈伸運動のみで反動をつけて跳ぶ種目である。垂直跳びと同様、脚パワーが大きな要素となる。また、基礎的な跳躍における能力及び反動を付ける際の柔軟性、着地時の平衡感覚なども記録に関係する。

②測定方法

測定準備として、屋外で行う場合は、砂場、巻き尺、ほうき、砂ならし、砂場の手前（30cm～1m）に踏み切り線を引く。屋内で行う場合は、マット（6m程度）、巻き尺、ラインテープが必要である。マットを壁につけて敷き、マットの手前（30cm～1m）の床にラインテープを貼り、踏み切り線とする。以下に測定手順を示す。

(1) 両足を軽く開いて、つま先が踏み切り線の前端にそろうように立つ。
(2) 両足で同時に踏み切って前方へ跳ぶ。

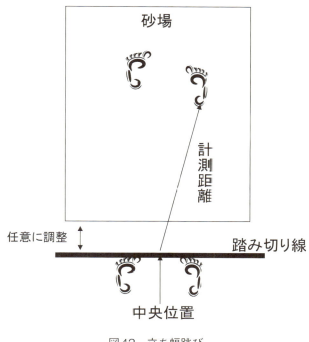

図42. 立ち幅跳び

・記録
(1) 身体が砂場（マット）に触れた位置のうち、最も踏み切り線に近い位置と、踏み切り前の両足の中央の位置（踏み切り線の前端）を結ぶ直線の距離を計測する。
(2) 記録はセンチメートル単位とし、センチメートル未満は切り捨てる。
(3) 2回実施してよい方の記録をとる。

・実施上の注意
(1) 踏み切り線から砂場（マット）までの距離は、被測定者の実態によって加減する。
(2) 踏み切りの際には、二重踏み切りにならないようにする。
(3) 屋外で行う場合、踏み切り線周辺及び砂場の砂面は、できるだけ整地する。
(4) 屋内で行う場合、着地の際にマットがずれないようにテープ等で固定するとともに、片側を壁につける。また、滑りにくいマットを用意する。
(5) 踏み切り前の両足の中央の位置を任意に決めておくと計測が容易になる。

（図42）

③応用例

「男子大学生におけるスポーツ競技種目におけるジャンプ動作の検討」について、調査・研究を行った。異なったスポーツ競技種目のジャンプ動作に着目して立幅跳び、三段跳び、垂直跳び、連続5回ジャンプを、男子大学生125名を対象に測定した。主な結果は、形態別における跳躍との関係として、体重の増加（体脂肪量）の増加に伴い立ち幅跳び値は減少する傾向にあった。柔道において、体重の増加に伴い跳躍の値は減少する傾向にあることから全体的に低い値を多く示していた。立幅跳びのような両足をそろえて前に跳ぶことを苦手としていると推測された（図43, 44）。

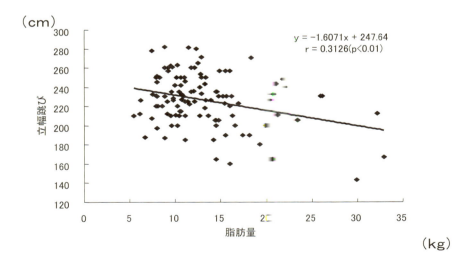

図43. 立幅跳び値と脂肪量の相関関係（須藤、2008）

第1章　身体管理の測定と評価

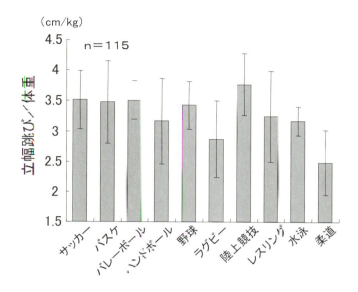

図44．各スポーツ種目における立幅跳び値／体重の比較（須藤、2008）

f）ソフトボール（ハンドボール）投げ

①定義

投動作の測定の1つであり、主として上肢の動的筋機能をみるテストである。肩、腰、脚の筋群の強靱性と投動作の修得が重要な要素となる。小学校新体力テストでは採用されているが、中学校以降は「ハンドボール投げ」と変わっている。

②測定方法

測定準備として、小学生用ソフトボール1号（外周26.2cm～27.2cm、重さ136g～146g）、（ハンドボール：外周54～56cm、重さ325～400g）巻き尺、平坦な地面上に直径2mの円を描き、円の中心から投球方向に向かって、中心角30°になるように直線を図のように2本引き、その間に同心円弧を1m間隔に描く作業を行う。以下に測定手順を示す。

（1）投球は地面に描かれた円内から行う。
（2）投球中または投球後、円を踏んだり、越えたりして円外に出てはならない。
（3）投球後は、静止してから円外に出る。

・記録

（1）ボールが落下した地点までの距離を、あらかじめ1m間隔に描かれた円弧によって計測する。
（2）記録はメートル単位とし、メートル未満は切り捨てる。
（3）2回実施してよい方の記録をとる。

51

・実施上の注意

(1) 投球のフォームは自由であるが、できるだけ「下手投げ」をしない方がよい。また、ステップして投げた方がよい。

(2) 30°に開いた2本の直線の外側に石灰などを使って、5mおきにその距離を表す数字を地面に書いておくと便利である。

③応用例

「野球選手の投動作における肩関節可動域拡大効果について」について、調査・研究を行った。投動作において水平後方に肘関節を広げる動作は重要であり、肩甲下筋や大胸筋の柔軟力は投動作パフォーマンスに影響を与えるのではないかと考えられる。そこで、高校生野球部を被検者に、肩と上腕を水平な状態で後方にストレッチングさせた後の遠投距離の検討を行ってみた。被検者（9名）の身体的特徴は、平均年齢16.3±0.5歳、体重60.2±6.7kg、身長166.7±5.3cm、競技年数7.0=16年であった。測定は、1．肩と腕を水平にした状態で後方で両上肢の距離を測定した（Non-S）。2．遠投を行ってもらった（Non-ST）。3．肩と腕を水平にした状態で6kgの力で後方に強制的にストレッチングを行い、両上肢の距離を測定した（S）。4．3の後に遠投を行ってもらった（ST）を行った。以下の結果を得た。1）肩と腕を水平にした状態で、後方で両上肢の距離を測定した（Non-S）値は、82.1±3.3（cm）であった。一方、肩と腕を水平にした状態で、6kgの力で後方に強制的にストレッチングを行い、両上肢の距離を測定した（S）値は、81.1±3.2（cm）であった。両者には統計上有意な差が認められた（p<0.05）。2）ストレッチをしていない遠投の値（Non-ST）は、70.4±6.4（m）であり、肩と腕を水平にした状態で6kgの力で後方に強制的にストレッチングを行った後の値（ST）は、73.7±5.6（m）であった。STはNon-STより統計上有意に長く投げられていることがわかった（p<0.05）。以上の結果から、高校生野球部を被検者に、肩と上腕を水平な状態で後方にストレッチングさせた後の遠投距離の検討を行った結果、肩と上腕が水平時の後方へのストレッチングは、遠投距離を増大される可能性が示された。

(表18. 19. 20)(図45. 46. 47. 48)

第1章　身体管理の測定と評価

表13．被検者データ

	身長(cm)	体重(kg)	年齢(歳)	性別	競技歴	野球歴
Y.E	170.0	64.0	17	男	野球7年	7
T.K	168.0	70.0	16	男	野球7年　テニス7年	7
K.K	167.5	61.5	16	男	野球10年　サッカー3年　水泳3	10
Y.S	165.0	56.0	16	男	野球6年	6
T.S	154.0	46.0	16	男	野球5年　サッカー3年　水泳3年	5
W.S	171.5	63.0	17	男	野球10年	10
K.N	167.5	64.0	17	男	野球5年　テニス6年	5
D.N	171.0	58.6	16	男	野球7年　水泳9年	7
T.Y	166.0	58.7	16	男	野球6年	6
平均値	166.7	60.2	16.3			7.0
標準偏差	5.3	6.7	0.5			1.9

表19．ストレッチをしたときの可動域の変化

	pre	post	post-pre
Y.E	77	77	0
T.K	84	83	-1
K.K	76	75	-1
Y.S	83	82	-1
T.S	84	80	-4
W.S	83	83	0
K.N	83	82	-1
D.N	85	85	0
T.Y	84	83	-1
平均値	82.1	81.1	-1.0
標準偏差	3.3	3.2	1.2
T.Test		0.019984	

表20．ストレッチをしたときの遠投の変化

	pre	post	post-pre
Y.E	77.0	80.0	3
T.K	66.0	73.0	7
K.K	67.0	65.0	-2
Y.S	67.0	78.0	11
T.S	63.0	70.0	7
W.S	73.0	73.0	0
K.N	72.0	74.0	2
D.N	83.0	82.0	-1
T.Y	66.0	68.0	2
平均値	70.4	73.7	3.2
標準偏差	6.4	5.6	4.3
T.Test		0.027248	

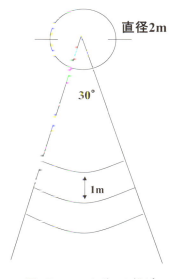

図45．ソフトボール投げ

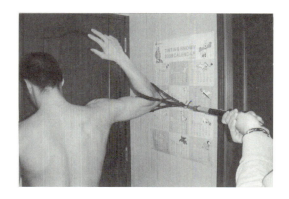

図46．ストレッチの様子

53

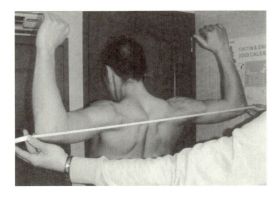
図47. 可動域の測定

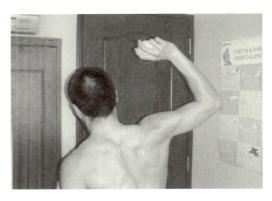
図48. 遠投

g）持久走（男子1500m・女子1000m）（6～19歳対象）

①定義

持久走は、最大酸素摂取能力と最大酸素負債能力が決定要素である。これらの能力を最大限に出し切るため、測定日の体調、測定中の心疾患に対しては十分に配慮しなければならない。持久走は、20mシャトルランテストとの選択として行われることがあるが、全身持久性テストとしては、6歳～11歳、12歳～19歳が採用され、20歳～64歳では急歩（男子1500m・女子1000m）となっている。

②測定方法

測定準備として、歩走路（トラック）、スタート合図用旗、ストップウォッチなどを用意する。以下に測定手順を示す。

(1) スタートはスタンディングスタートの要領で行う。

(2) スタートの合図は、「位置について」、「用意」の後、音または声を発すると同時に旗を上から下に振り下ろすことによって行う。

・記録

(1) スタートの合図からゴールライン上に胴（頭、肩、手、足ではない）が到着するまでに要した時間を計測する。

(2) 1人に1個の時計を用いることが望ましいが、ストップウォッチが不足する場合は、計時員が時間を読み上げ、測定員が到着時間を記録してもよい。記録は秒単位とし、秒未満は切り上げる。

(3) 実施は1回とする。

第1章　身体管理の測定と評価

［注意］

(1) 被測定者の健康状態に十分注意し、疾病及び傷害の有無を確かめ、医師の治療を受けている者や、実施が困難と認められる者については、このテストを実施しない。

(2) トラックを使用して行うことを原則とする。

(3) いたずらに競争したり、無理なペースで走らないように注意し、各自の能力なども考えるよう指導する。

(4) テスト前後に、ゆっくりとした運動等によるウォーミングアップ及びクーリングダウンをする。

(表21. 22. 23. 24. 25. 26)

表21.　小学校用新体力テスト　8種目[7]

●握力
●上体起こし
●長座体前屈
●反復横とび
●20mシャトルラン
●50m走
●立ち幅とび
●ソフトボール投げ

※測定法の疑問点は新体力テスト情報の「Q＆A」を参考にする。

実施上の一般的注意

テスト実施に当たっては、被測定者の健康状態を十分に把握し、事故防止に万全の注意を払う。なお医師から運動を禁止または制限されている者はもちろん、当日身体の異常（発熱、倦怠感など）を訴える者には行わない。

テストは定められた方法の通り正確に行う。

テスト前後には、適切な準備運動及び整理運動を行う。

テスト場の整理、器材の点検を行う。

テストの順序は定められていないが、持久走、20mシャトルラン（往復持久走）は最後に実施する。

計器（握力計、ストップウォッチなど）は正確なものを使用し、その使用を誤らないようにする。全ての計器は使用前に検定することが望ましい。

表22. 小学校用新体力テスト評価表（6〜11歳対象）[7]

テストの得点表および総合評価
（1）項目別得点表により，記録を採点する。
（2）各項目の得点を合計し，総合評価をする。

項目別得点表

男子

得点	握　力	上体起こし	長座体前屈	反復横跳び	20mシャトルラン	50m走	立ち幅跳び	ソフトボール投げ	得点
10	26kg以上	26回以上	49cm以上	50点以上	80回以上	8.0秒以下	192cm以上	40m以上	10
9	23〜25	23〜25	43〜48	46〜49	69〜79	8.1〜8.4	180〜191	35〜39	9
8	20〜22	20〜22	38〜42	42〜45	57〜68	8.5〜8.8	168〜179	30〜34	8
7	17〜19	18〜19	34〜37	38〜41	45〜56	8.9〜9.3	156〜167	24〜29	7
6	14〜16	15〜17	30〜33	34〜37	33〜44	9.4〜9.9	143〜155	18〜23	6
5	11〜13	12〜14	27〜29	30〜33	23〜32	10.0〜10.6	130〜142	13〜17	5
4	9〜10	9〜11	23〜26	26〜29	15〜22	10.7〜11.4	117〜129	10〜12	4
3	7〜8	6〜8	19〜22	22〜25	10〜14	11.5〜12.2	105〜116	7〜9	3
2	5〜6	3〜5	15〜18	18〜21	8〜9	12.3〜13.0	93〜104	5〜6	2
1	4kg以下	2回以下	14cm以下	17点以下	7回以下	13.1秒以上	92cm以下	4m以下	1

女子

得点	握　力	上体起こし	長座体前屈	反復横跳び	20mシャトルラン	50m走	立ち幅跳び	ソフトボール投げ	得点
10	25kg以上	23回以上	52cm以上	47点以上	64回以上	8.3秒以下	181cm以上	25m以上	10
9	22〜24	20〜22	46〜51	43〜46	54〜63	8.4〜8.7	170〜180	21〜24	9
8	19〜21	18〜19	41〜45	40〜42	44〜53	8.8〜9.1	160〜169	17〜20	8
7	16〜18	16〜17	37〜40	36〜39	35〜43	9.2〜9.6	147〜159	14〜16	7
6	13〜15	14〜15	33〜36	32〜35	25〜34	9.7〜10.2	134〜146	11〜13	6
5	11〜12	12〜13	29〜32	28〜31	19〜25	10.3〜10.9	121〜133	8〜10	5
4	9〜10	9〜11	25〜28	25〜27	14〜18	11.0〜11.6	109〜120	6〜7	4
3	7〜8	6〜8	21〜24	21〜24	11〜13	11.7〜12.4	98〜108	5	3
2	4〜6	3〜5	18〜20	17〜20	8〜9	12.5〜13.2	85〜97	4	2
1	3kg以下	2回以下	17cm以下	16点以下	7回以下	13.3秒以上	84cm以下	3m以下	1

総合評価基準表

段階	6歳	7歳	8歳	9歳	10歳	11歳	段階
A	39以上	47以上	53以上	59以上	65以上	71以上	A
B	33〜38	41〜46	46〜52	52〜58	58〜64	63〜70	B
C	27〜32	34〜40	39〜45	45〜51	50〜57	55〜62	C
D	22〜26	27〜33	32〜38	38〜44	43〜49	46〜54	D
E	21以下	26以下	31以下	37以下	42以下	45以下	E

第1章　身体管理の測定と評価

表23．新体力テスト（6〜11歳）[7]

〔児童の実態に応じて測定者が質問事項等の説明をしてください。〕

1）「住所」は，居住地の都道府県名を記入してください。
2）「年齢」は，平成　年4月1日現在の満年齢を記入してください。
3）「都市階級区分」については，居住地が次のいずれにあてはまるかを判断し，その番号を○で囲んでください。
　　(1) 大・中都市…人口15万人以上の市，政令指定都市。
　　(2) 小都市…人口15万人未満の市。
　　(3) 町村
4）「運動・スポーツの実施状況」及び「1日の運動・スポーツ実施時間」については，学校の体育の授業を除いた
　　運動・スポーツの実施状況及び実施時間についてあてはまる番号を○で囲んでください。
5）その他については，あてはまる番号を○で囲んでください。
6）2回テストをする項目については，その良い方の記録の左側に○印をつけてください。
7）総合評価については，あてはまる記号を○で囲んでください。

No.	氏　名		都道府県名	
1．平成　年4月1日現在の年齢		歳	2．性別	男　・　女
3．都市階級区分	1．大・中都市		2．小都市	3．町村
4．運動部やスポーツクラブにはいっていますか	1．はいっている		2．はいっていない	
5．運動やスポーツをどのくらいしていますか（学校の体育の授業をのぞきます）	1．ほとんど毎日（週に3日以上）　2．ときどき（週に1〜2日くらい）　3．ときたま（月に1〜3日くらい）　4．しない			
6．運動やスポーツをするときは1日にどのくらいの時間ですか（学校の体育の授業をのぞきます）	1．30分未満　　　　　2．30分以上1時間未満　3．1時間以上2時間未満　4．2時間以上			
7．朝食は食べますか	1．毎日食べる　　2．時々食べない　　3．毎日食べない			
8．1日の睡眠時間	1．6時間未満　2．6時間以上8時間未満　3．8時間以上			
9．1日にどのくらいテレビを見ますか（テレビゲームも含みます）	1．1時間未満　　　　　2．1時間以上2時間未満　3．2時間以上3時間未満　4．3時間以上			
10．体格　1．身長　　＿＿cm　2．体重　　＿＿kg　3．座高　　＿＿cm				

項　目		記　　　　録		得　点
1．握力	右	1回目　　　　kg	2回目　　　　kg	
	左	1回目　　　　kg	2回目　　　　kg	
	平均		kg	
2．上体起こし			回	
3．長座体前屈		1回目　　　　cm	2回目　　　　cm	
4．反復横跳び		1回目　　　　点	2回目　　　　点	
5．20mシャトルラン（往復持久走）		折り返し数	回	
6．50m走			秒	
7．立ち幅跳び		1回目　　　　cm	2回目　　　　cm	
8．ソフトボール投げ		1回目　　　　m	2回目　　　　cm	
得　点　合　計				
総　合　評　価		A　　B　　C　　D　　E		

57

表24. 中学校・高等学校・大学用　新体力テスト　9種目（選択含む）[7]

●握力
●上体起こし
●長座体前屈
●反復横跳び
●持久走
●20mシャトルラン
●50m走
●立ち幅跳び
●ハンドボール投げ
※　「持久走」と「20mシャトルランテスト」はいずれかを選択する。

※測定法の疑問点は新体力テスト情報の「Q＆A」を参考にする。
実施上の一般的注意
テスト実施に当たっては、被測定者の健康状態を十分に把握し、事故防止に万全の注意
を払う。なお医師から運動を禁止または制限されている者はもちろん、当日身体の異常
（発熱、倦怠感など）を訴える者には行わない。
テストは決められた方法の通り正確に行う。
テスト前後には、適切な準備運動及び整理運動を行う。
テスト場の整備、器材の点検を行う。
テストの順序は定められていないが、持久走、20mシャトルラン（往復持久走）は最
後に実施する。
計器（握力計、ストップウォッチなど）は正確なものを使用し、その使用を誤らないよ
うにする。全ての計器は使用前に検定することが望ましい。

表25. 中・高・大学校用　新体力テスト評価表（12～19歳対象）[7]

テストの得点表および総合評価
（1）項目別得点表により、記録を採点する。
（2）各項目の得点を合計し、総合評価をする。

項目別得点表

男子

得点	握力	上体起こし	長座体前屈	反復横跳び	持久走	20mシャトルラン	50m走	立ち幅跳び	ハンドボール投げ	得点
10	56kg以上	35回以上	64cm以上	63点以下	4'59"以下	125回以上	6.6秒以下	265cm以上	37m以上	10
9	51～55	33～34	58～63	60～62	5'00"～5'16"	113～124	6.7～6.8	254～264	34～36	9
8	47～50	30～32	53～57	56～59	5'17"～5'33"	102～112	6.9～7.0	242～253	31～33	8
7	43～46	27～29	49～52	53～55	5'34"～5'55"	90～101	7.1～7.2	230～241	28～30	7
6	38～42	25～26	44～48	49～52	5'56"～6'22"	76～89	7.3～7.5	218～229	25～27	6
5	33～37	22～24	39～43	45～48	6'23"～6'50"	63～75	7.6～7.9	203～217	22～24	5
4	28～32	19～21	33～38	41～44	6'51"～7'30"	51～62	8.0～8.4	188～202	19～21	4
3	23～27	16～18	28～32	37～40	7'31"～8'19"	37～50	8.5～9.0	170～187	16～18	3
2	18～22	13～15	21～27	30～36	8'20"～9'20"	26～36	9.1～9.7	150～169	13～15	2
1	17kg以下	12回以下	20cm以下	29点以下	9'21"以上	25回以下	9.8秒以上	149cm以下	12m以下	1

女子

得点	握力	上体起こし	長座体前屈	反復横跳び	持久走	20mシャトルラン	50m走	立ち幅跳び	ハンドボール投げ	得点
10	36kg以上	29回以上	63cm以上	53点以下	3'49"以下	88回以上	7.7秒以下	210cm以上	23m以上	10
9	33～35	26～28	58～62	50～52	3'50"～4'02"	76～87	7.8～8.0	200～209	20～22	9
8	30～32	23～25	54～57	48～49	4'03"～4'19"	64～75	8.1～8.3	190～199	18～19	8
7	28～29	20～22	50～53	45～47	4'20"～4'37"	54～63	8.4～8.6	179～189	16～17	7
6	25～27	18～19	45～49	42～44	4'38"～4'56"	44～53	8.7～8.9	168～178	14～15	6
5	23～24	15～17	40～44	39～41	4'57"～5'18"	35～43	9.0～9.3	157～167	12～13	5
4	20～22	13～14	35～39	36～38	5'19"～5'42"	27～34	9.4～9.8	145～156	11	4
3	17～19	11～12	30～34	32～35	5'43"～6'14"	21～26	9.9～10.3	132～144	10	3
2	14～16	8～10	23～29	27～31	6'15"～6'57"	15～20	10.4～11.2	118～131	8～9	2
1	13kg以下	7回以下	22cm以下	26点以下	6'58"以上	14回以下	11.3秒以上	117cm以下	7m以下	1

総合評価基準表

段階	12歳	13歳	14歳	15歳	16歳	17歳	18歳	19歳	段階
A	51以上	57以上	60以上	61以上	63以上	65以上	65以上	65以上	A
B	41～50	47～56	51～59	52～60	53～62	54～64	54～64	54～64	B
C	32～40	37～46	41～50	41～51	42～52	43～53	43～53	43～53	C
D	22～31	27～36	31～40	31～40	31～41	31～42	31～42	31～42	D
E	21以下	26以下	30以下	30以下	30以下	30以下	30以下	30以下	E

表26．新体力テスト（12〜19歳）[7]

記入上の注意

1）「住所」は，居住地の都道府県名を記入してください。
2）「年齢」は，平成　年4月1日現在の満年齢を記入してください。
3）「都市階級区分」については，居住地が次のいずれに該当するかを判断し，その番号を○で囲んでください。
　　（1）大・中都市…人口15万人以上の市，政令指定都市。
　　（2）小都市………人口15万人未満の市。
　　（3）町村
4）「運動・スポーツの実施状況」及び「1日の運動・スポーツ実施時間」については，学校の体育の授業を除いた運動・スポーツの実施状況及び実施時間について該当する番号を○で囲んでください。
5）その他については，該当する番号を○で囲んでください。
6）2回テストをする項目については，そのよい方の記録の右側に○印をつけてください。
7）総合評価については，該当する記号を○で囲んでください。

No.	氏　名		本人の住所		都道府県
1．平成　年4月1日現在の年齢		歳	2．性別		男　・　女
3．都市階級区分	1．大・中都市		2．小都市		3．町村
4．所　　　　　属	1．中学校	2．高等学校全日制		3．高等学校定時制	
	4．高等専門学校	5．短期大学		6．大学	
5．運動部や地域スポーツクラブへの所属状況	1．所属している		2．所属していない		
6．運動・スポーツの実施状況	1．ほとんど毎日（週3日以上）		2．ときどき（週1〜2日程度）		
（学校の体育の授業を除く）	3．ときたま（月1〜3日程度）		4．しない		
7．1日の運動・スポーツ実施時間	1．30分未満		2．30分以上1時間未満		
（学校の体育の授業を除く）	3．1時間以上2時間未満		4．2時間以上		
8．朝食の有無	1．毎日食べる	2．時々欠かす		3．まったく食べない	
9．1日の睡眠時間	1．6時間未満	2．6時間以上3時間未満		3．8時間以上	
10．1日のテレビ（テレビゲームを	1．1時間未満		2．1時間以上2時間未満		
含む）の視聴時間	3．2時間以上3時間未満		4．3時間以上		
11．体　格	1．身長　　_　cm	2．体重　　_　kg		3．座高　　_　cm	

項　　　目		記		録	得　点
1．握　力	右	1回目　　kg	2回目　　kg		
	左	1回目　　kg	2回目　　kg		
	平均			kg	
2．上体起こし				回	
3．長座体屈前		1回目　　cm	2回目　　cm		
4．反復横跳び		1回目　　点	2回目　　点		
5．　持久走			分　　秒		
20mシャトルラン（往復持久走）		折り返し数　　回	（最大酸素摂取量　　ml/kg・分）		
6．50m走			秒		
7．立ち幅跳び		1回目　　cm	2回目　　cm		
8．ハンドボール投げ		1回目　　m	2回目　　m		
得　　点　　合　　計					
総　　合　　評　　価		A　　B　　C　　D　　E			

第1章　身体管理の測定と評価

h）急歩（男子1500m・女子1000m）（20～64歳対象）

①定義

急歩は、20mシャトルランテストとの選択で行われ、20歳～64歳で採用されている。

急歩は、全身持久性をみるテストとして、30歳以上の中高年で実施されている。測定日の体調、測定中の心疾患に対しては十分に配慮しなければならない。急歩は、20mシャトルランテストとの選択として行われることがあるが、全身持久性テストとしては、6歳～11歳、12歳～19歳が持久走（男子1500m・女子1000m）とされ、20歳～64歳では急歩（男子1500m・女子1000m）と分類されている。

②測定方法

測定準備として、歩走路（トラック）、スタート合図用旗、ストップウォッチを用意する。

以下に測定手順を示す。

(1) いずれかの足が常に地面についているようにして、急いで歩く。

・記録

(1) スタートの合図からゴールライン上に胴（頭、肩、手、足ではない）が到着するまでに要した時間を計測する。

(2) 1人に1個の時計を用いることが望ましいが、ストップウォッチが不足する場合は、計時員が時間を読み上げ、測定員が到着時間を記録してもよい。

(3) 記録は秒単位とし、秒未満は切り上げる。

(4) 実施は1回だけとする。

・注意

(1) 被測定者の健康状態に十分注意し、疾病及び傷害の有無を確かめ、医師の治療を受けている者や、実施が困難と認められる者については行わない。

(2) 測定者は、被測定者が走ることがないように、また両足が一瞬でも地面から離れたら正しく歩くように指導する。

(3) トラックを使用して行うことを原則とする。

(4) いたずらに競争したり、無理なペースで歩かないように注意し、各自の能力なども考えるよう指導する。

(5) テスト前後に、ゆっくりとした運動等によるウォーミングアップ及びクーリングダウンをする。

（表27, 28, 29, 30, 31）

表27. 成人（20歳〜64歳対象）新体力テスト　7種目[7]

●握力
●上体起こし
●長座体前屈
●急歩
●20mシャトルラン
●反復横跳び
●立ち幅跳び
●20ｍシャトルランテスト記録用紙（見本）
※「急歩」と「20mシャトルランテスト」はいずれかを選択する。
●健康状態のチェック
●テストの得点表および総合評価
●新体力テスト（20歳〜64歳）記録用紙
※ 測定法の疑問点は新体力テスト情報の「Q＆A」を参考にする。

実施上の一般的注意
テスト実施前及び実施中には、被測定者の健康状態二十分注意し、事故防止に万全の注意を払う。なお、医師から運動を禁止または制限されている者はもちろん、当日身体の異常（発熱、倦怠感など）を訴える者には行わない。また、測定する側の責任者の指導のもとに、別紙の「健康状態のチェック」を用いて、体調・薬物治療中の病気のチェックを必ず行う。

表28. 成人（20歳〜64歳対象）新体力テスト　7種目[7]

（1）４０歳未満の場合には、「健康状態のチェック」のうち、体調・既往症・薬物療養中の病気（Ⅰ及びⅡ）のチェックを必ず行う。
特に前夜から今朝にかけての睡眠状態のチェックは必ず行う。
朝食あるいは昼食をきちんと摂って入るかどうかをチェックする。
何か当てはまる場合には、血圧測定、心拍数測定を行うと共に、医師の判断を受ける。
ただし、３０歳以上の男性では必ず血圧測定を行うべきである。
可能な限り、医師が立ち会うことが望ましいが、看護婦、保健婦などが代行してもよい。
医師が立ち会っていない場合には、「健康状態のチェック」で体の具合が悪い点があれば、体力テストは延期あるいは中止させる。
薬物治療を受けている場合には、可能限りの主治医の許可を得るか、あるいは治療内容により、立ち会った医師が実施の可否を決定する。
（2）４０歳以上の場合には、「健康状態のチェック」を必ず行う。
自覚症状のチェック、血圧測定、心拍数測定は必ず行う。特に胸痛などの胸部症状のチェックは注意深く行うべきである。
特に前夜から今朝にかけての睡眠状態のチェックは必ず行う。
可能な限り、医師が立ち会うことが望ましい。
医師が立ち会っていない場合には、「健康状態のチェック」で体の具合が悪い点があれば、体力テストは延期あるいは中止させる。
薬物治療を受けている場合には、可能な限り主治医の許可を得るか、あるいは治療内容により、立ち会った医師が実施の可否を決定する。
テストは決められた方法のとおり正確に行う。
テスト前後には、適切な準備運動及び整理運動を行う。
テスト場の整備、器材の点検を行う。
テストの順序は決められていないが、急歩、２０ｍシャトルランテストは最後に実施する。
計器（握力計、ストップウォッチなど）は正確なものを使用し、その使用を誤らないようにする。
全ての計器は使用前に検定することが望ましい。

表29. 成人新体力テスト評価表（20歳〜64歳対象）[7]

テストの得点表および総合評価

（1）項目別得点表により、記録を採点する。
（2）各項目の得点を合計し、総合評価をする。
（3）体力年齢判定基準表により、体力年齢を判定する。

項目別得点表

男子

得点	握力	上体起こし	長座体前屈	反復横跳び	急歩	20mシャトルラン	立ち幅跳び	得点
10	62kg以上	33回以上	61cm以上	60点以上	8'48"以下	95回以上	260cm以上	10
9	58〜61	30〜32	56〜60	57〜59	8'48"〜9'41"	81〜94	248〜259	9
8	54〜57	27〜29	51〜55	53〜56	9'42"〜10'33"	67〜80	236〜247	8
7	50〜53	24〜26	47〜50	49〜52	10'34"〜11'23"	54〜66	223〜235	7
6	47〜49	21〜23	43〜46	45〜48	11'24"〜12'11"	43〜53	210〜222	6
5	44〜46	18〜20	38〜42	41〜44	12'12"〜12'56"	32〜42	195〜209	5
4	41〜43	15〜17	33〜37	36〜40	12'57"〜13'40"	24〜31	180〜194	4
3	37〜40	12〜14	27〜32	31〜35	13'41"〜14'29"	18〜23	162〜179	3
2	32〜36	9〜11	21〜26	24〜30	14'30"〜15'27"	12〜17	143〜161	2
1	31kg以下	8回以下	20cm以下	23点以下	15'28"以上	11回以下	142cm以下	1

女子

得点	握力	上体起こし	長座体前屈	反復横跳び	急歩	20mシャトルラン	立ち幅跳び	得点
10	39kg以上	25回以上	60cm以上	25点以上	7'14"以下	62回以上	202cm以上	10
9	36〜38	23〜24	56〜59	49〜51	7'15"〜7'40"	50〜61	191〜201	9
8	34〜35	20〜22	52〜55	46〜48	7'41"〜8'06"	41〜49	180〜190	8
7	31〜33	18〜19	48〜51	43〜45	8'07"〜8'32"	32〜40	170〜179	7
6	29〜30	15〜17	44〜47	40〜42	8'33"〜8'59"	25〜31	158〜169	6
5	26〜28	12〜14	40〜43	36〜39	9'00"〜9'27"	19〜24	143〜157	5
4	24〜25	9〜11	36〜39	32〜35	9'28"〜9'59"	14〜18	128〜142	4
3	21〜23	5〜8	31〜35	27〜31	10'00"〜10'33"	10〜13	113〜127	3
2	19〜20	1〜4	25〜30	20〜26	10'34"〜11'37"	8〜9	98〜112	2
1	18kg以下	0回	24cm以下	19点以下	11'38"以上	7回以下	97cm以下	1

総合評価基準表

段階	20歳〜24歳	25歳〜29歳	30歳〜34歳	35歳〜39歳	40歳〜44歳	45歳〜49歳	50歳〜54歳	55歳〜59歳	60歳〜64歳	段階
A	50以上	49以上	49以上	48以上	46以上	43以上	40以上	37以上	33以上	A
B	44〜49	43〜48	42〜48	41〜47	39〜45	37〜42	33〜39	30〜36	26〜32	B
C	37〜43	36〜42	35〜41	35〜40	33〜38	30〜36	27〜32	24〜29	20〜25	C
D	30〜36	29〜35	28〜34	28〜34	26〜32	23〜29	21〜26	18〜23	15〜19	D
E	29以下	28以下	27以下	27以下	25以下	22以下	20以下	17以下	14以下	E

体力年齢判定基準表

体力年齢	得点	体力年齢	得点
20歳〜24歳	43以上	50歳〜54歳	30〜32
25歳〜29歳	43〜45	55歳〜59歳	27〜29
30歳〜34歳	40〜42	60歳〜64歳	25〜26
35歳〜39歳	38〜39	65歳〜69歳	22〜24
40歳〜44歳	36〜37	70歳〜74歳	20〜21
48歳〜49歳	33〜35	75歳〜79歳	19以下

表30. 成人新体力テスト（20歳〜64歳対象)[7]

健康状態のチェック

記述日：平成_____年___月___日

氏　名_____性___生年月日____年___月___日___歳
（年齢は平成　年4月1日現在の満年齢）

　以下の質問について，当てはまるものの番号を○印で囲んでください。また，必要に応じて，（　　　）内に記述してください。

Ⅰ．現在，体の具合の悪いことがありますか（体調が悪いですか）。

　　1．はい　　2．いいえ

「はい」と答えた方は，以下の質問にも答えてください。
○どういう点ですか，以下から選んでください。
　　1．熱がある　　　2．頭痛がする　　　3．腹痛がある
　　4．胸がしめつけられる　　　5．息切れが強い　　　6．めまいがする
　　7．強い関節痛がある　　　8．睡眠不足で非常に眠い　9．強い疲労感がある
　　10．その他（_____）

Ⅱ．生まれてから現在までに、何か病気をしましたか（特に内科の疾患）。

　　1．はい　　　2．いいえ

「はい」と答えた方は，以下の質問にも答えてください。
○どのような病気ですか，以下から選んでください。
　　1．狭心症または心筋梗塞　　　2．不整脈（疾病：_____）
　　3．その他の心臓病（病名：_____）　　4．高血圧症
　　5．脳血管障害（脳梗塞や脳出血）　　　6．糖尿病　　7．高脂血症
　　8．貧血　　　9．気管支喘息
　　10．その他（_____）

○薬物治療を受けている病気がありますか。

　　1．はい　　　2．いいえ

「はい」と答えた方は以下にも答えてください。
　　（病名：_____）
分かれば服用している薬の名前を記述してください。
　　（薬剤名：_____）

Ⅲ、以下の項目を測定し、記述してください（現在の値を）。

　　　○脈拍数_____拍／分
　　　○血　圧_____／_____mmHg

表31. 新体力テスト（20〜64歳）[7]

記入上の注意

1) 「住所」に，居住地の都道府県名を記入してください。
2) 「年齢」は，平成　年4月1日現在の満年齢を記入してください。
3) 「都市階級区分」については，居住地が次のいずれに該当するかを判断し，その番号を○で囲んでください。
　　（1　大・中都市…人口15万人以上の市，政令指定都市。
　　（2　小都市………人口15万人未満の市。
　　（3　町村
4) 「職業」については，下記の職業分類にしたがって，本人の職業について該当する番号を○で囲んでください。
　　1) 農・林・漁業：農業作業者，林業作業者，漁業作業者など。
　　2) 労務：採鉱作業者，運輸・通信従事者，技能工・生産工程作業者及び労務作業者など。
　　3) 販売・サービス業：商品販売従事者，販売類似職業従事者，サービス職業従事者など。
　　4) 事務・保安的職業：事務従事者，警察官・消防員・守衛などの保安職業従事者など。
　　5) 専門・管理的職業：技術者，保健医療従事者，法務従事者，教員，管理的公務員，会社役員など。
　　6) 主婦：（有職者を除く）
　　7) 無職：（主婦を除く）
　　8) その他
5) その他については，該当する番号を○で囲んでください。
6) 2回テストをする項目については，そのよい方の記録の左側に○印をつけてください。
7) 総合評価については，該当する記号を○で囲んでください。

氏　名			本人の住所		都道府県
平成　年4月1日現在の年齢		歳	2．性別	男　・　女	
都市階級区分	1．大・中都市		2．小都市	3．町村	
職　　　業	1．農・林・漁業　2．労　務　3．販売・サービス　4．事　務・保　安				
	5．専門・管理　6．主　婦　7．無　職　　8．その他（　　　　）				
健康状態について	1．大いに健康	2．まあ健康	3．あまり健康でない		
体力について	1．自信がある	2．普通である	3．不安がある		
スポーツクラブへの所属状況	1．所属している	2．所属していない			
運動・スポーツの実施状況	1．ほとんど毎日（週3〜4日以上）　2．ときどき（週1〜2日程度）				
	3．ときたま（月1〜3日程度）　4．しない				
1日の運動・スポーツ実施時間	1．30分未満　2．30分〜1時間　3．1〜2時間　4．2時間以上				
朝食の有無	1．毎日食べる	2．時々欠かす	3．まったく食べない		
1日の睡眠時間	1．6時間未満	2．6時間以上8時間未満	3．8時間以上		
学校時代の運動部	1．中学校のみ　2　高校のみ　3．大学のみ　4．中学校・高校				
（クラブ）活動の経験	5．高校・大学　6　中学校・大学　7．中学校・高校・大学　8．経験なし				
体　格　1．身　長	cm　　2．体　重				kg

項　　　　目		記		録		得　点
握　力	右	1回目	kg	2回目	kg	
	左	1回目	kg	2回目	kg	
	平均				kg	
上体起こし				回		
長座体前屈		1回目	cm	2回目	cm	
反復横とび		1回目	点	2回目	点	
急歩				分　　　　秒		
20mシャトルラン（往復持久走）	折り返し数	回	（最大酸素摂取量	mℓ/kg・分）		
立ち幅とび		1回目	cm	2回目	cm	
得　点　合　計						
総　合　評　価		A　　B　　C　　D　　E				
体　力　年　齢				歳　〜　・　歳		

ⅰ）開眼片足立ち（65～79歳対象）
①定義
　開眼状態で片足立ちの姿勢がどれだけ長く保てるかを測定するものである。平衡性などのバランス能力をみるが、学習効果があるものである。また、近年、高齢者における開眼片脚起立時間の測定時に大腿骨頸部骨折を来たし、ふらつき転倒した例が発生している。片脚起立時の転倒を防ぐため、十分な配慮が必要となる。65歳～79歳対象の測定である。
②測定方法
　測定準備として、ストップウォッチを用意する。
　以下に測定手順を示す。
（1）素足で床の上に立つ（屋外の場合は、運動靴でもやむを得ない）。
（2）両手を腰に当て、どちらの足が立ちやすいかを確かめるため、片足立ちを左右について行う。
（3）支持足が決まったら、両手を腰に当て、「片足を挙げて」の合図で片足立ちの姿勢をとる（片足を前方に挙げる）。

・記録
（1）片足立ちの持続時間を計時する。
（2）単位は秒とし、秒未満は切り捨てる。
（3）2回実施してよい方の記録をとる。
（4）最長120秒でうち切る。

図49．開眼片足立ち

・注意
（1）滑らない床で実施する。
（2）被測定者の周りには、物を置かない。段差のある場所も避ける。
（3）実施前に、被測定者に以下の事項を伝える。
　　1）片足で出来るだけ長く立つテストであること。
　　2）片足立ちの姿勢は、支持脚を伸ばし、片足を前方に挙げ、挙げた足は支持脚に触れない姿勢であること。
　　3）支持足の位置がずれたとき、片足立ちが終了したものとみなすこと。
　　4）腰に当てた両手、もしくは片手が腰から離れたとき、片足立ちが終了したものとみなすこと。
　　5）床から離している足が床に触れたとき、片足立ちが終了したものとみなすこと。
（4）「始め」という合図をすると、それだけでバランスを崩す人がいるので、「片足を挙

第1章　身体管理の測定と評価

げて」の合図をし、片足立ちになったら計時する方がよい。

(5) 測定者は、被測定者がバランスを崩したとき、即座に支えられるような態勢をとる。終了の判定を徹底しておく。また、練習させておくとよい。

（図49）

j）10m障害物歩行（65～79歳対象）

①定義

10m障害物歩行では、転倒予防能力をみるものである。総合的なバランス能力・歩行能力をみるもので、測定が訓練の1つにもなる。測定時の転倒を防ぐため、十分な配慮が必要となる。65歳～79歳対象の測定である。

②測定方法

測定準備として、ストップウォッチ、障害物（幅10cm×高20cm×奥30～50cm、素材は発泡スチロール、色は白が望ましい）、ビニールテープ（幅5cm）、床にビニールテープで10mの直線を引き、スタートとゴール地点に、1mの線を引いておく。2m間隔に、障害物を置く。以上を前もって準備する。以下に測定手順を示す。

(1) スタートラインの中央後方、障害物に出来るだけ近づいて両足をそろえて立ち、スタートの合図によって歩き始め、6個の障害物をまたぎ越す。

(2) 10m地点の障害物をまたぎ越して、片足が接地した時点をゴールとする。走ったり、跳び越した場合は、やり直しとする。

(3) 障害物を倒した場合はそのままの記録とする。

・記録

(1) スタートから最後の障害をまたいだ足が床に着地するまでの時間を計測する。

(2) 単位は秒とし、1/10秒まで計測し、1/10秒未満は切り上げる。

(3) 2回実施してよい方の記録をとる。

・注意

(1) 滑らない床で実施する。

(2) 実施前に、被測定者に、次のことを告げる。

　　1) 障害物を歩いてまたぎ越すこと。

　　2) 障害物にどちらの足でまたぎ越してもよいこと。

　　3) 走ったり、跳び越したりしないこと。

　　4) 障害物を倒しても、そのままゴールまで歩くこと。

(3) 一度練習をさせるとよい。

(4) 走ったり、跳び越したりしないことを徹底する（図50）。

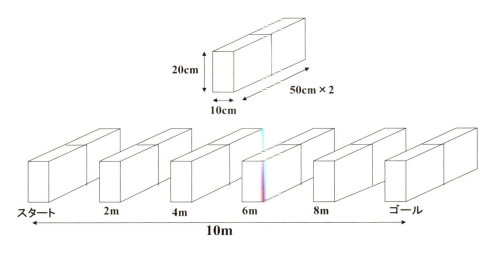

図50. 10m障害物歩行

k）6分間歩行（65歳～79歳）

①定義

6分間歩行テストは、慢性心不全患者の運動耐容能評価法として1985年、Guyattら（食後2時間以上経過後、最低片道30m以上ある道路）によって行われた負荷試験である。6分間できるだけ速く往復歩行し、その距離を計測して、歩行距離から運動耐容能を評価する。65歳～79歳対象の測定である。

②測定方法

測定準備として、ストップウォッチ、スタート合図用旗、笛、距離を知らせる目印。一周50m以上の周回路または50m以上の折り返し直線路に、5m毎に目印を置く。（10m間隔で白い目印、5m目に赤い目印を置くとよい。）以下に測定手順を示す。

(1) 十分な準備運動の後、スタートラインに立つ。（全員が同じ位置からスタートするよりも、5mずつずらした位置からスタートできるようにすれば理想的である。直線路を用いる場合には、常にラインが左手になるように歩くように指示する。）

(2) 被測定者がスタートラインに立った時、指示を徹底させるため再度上記のことを確認する。

(3) スタートの合図で歩行を開始する。

(4) 測定者は、被測定者が走ることがないように、また両足が一瞬でも地面から離れたら正しく歩くように指導する。

(5) スタートから1分毎に、その経過時間を伝える。

(6) 6分目に終了の合図をする。

・記録

　　　　　　　　　　　　　　　　　　　　　　　　第1章　身体管理の測定と評価

(1) 記録は5ｍ単位とし、5ｍ未満は切り捨てる。

・注意

(1) 被測定者の健康状態に注意し、疾病の有無、当日の体調をチェックする。医師の治療を受けている者（内科的・整形外科的）、薬物の服用者、風邪気味の者、熱がある者、二日酔いの者、当日の血圧が160/95mmHg以上の者などは、テストを受けさせない。

(2) 実施前に　被測定者に次のことを伝える。

　　1) 1時間続けて歩くと思われる速さで、やや大股で6分間（1時間の10分の1）歩くテストであること。

　　2) 競争でないので、他人と競わないこと。

　　3) 走らないこと、跳び上がらないこと（片方の足が必ず地面についていること）。

　　4) 6分経ったら笛で合図をするので、その位置を確認すること。

(3) 競争をしたり、無理なペースに陥らないように徹底する。

(4) 準備運動を十分に行わせる。

(表32. 33. 34. 35. 36. 37. 38)

表32. 成人（65歳〜79歳対象）新体力テスト　6種目＋1[8]

■握力　■上体起こし　■長座体前屈
■開眼片足立ち　■１０ｍ障害物歩行　■６分間歩行
●ＡＤＬ（日常生活活動調査）
●健康状態のチェック
●テストの得点表および総合評価
●新体力テスト（65歳〜79歳）記録用紙

実施上の一般的注意
テスト実施前及び実施中には、被測定者の健康状態に十分注意する。なお、測定する側の責任者の指導の元に、以下の手順で健康状態のチェックを必ず行い、事故防止に万全を期する。(1) 体力テストを実施する前に、あらかじめ被測定者に別紙の健康状態のチェック表及び日常生活活動調査（ＡＤＬ）に記入してもらっておく。(2) 原則として、体力テストには医師が立ち会うものとする。(3) 立ち会った医師（保健婦あるいは看護婦）は、体力テスト前に健康状態のチェック表を確認し、必要に応じてさらに問診を行う。※特に前夜から今朝にかけての睡眠状態のチェックは必ず行う。※特に胸痛などの胸部症状のチェックは注意深く行うべきである。(4) 血圧測定及び脈拍測定は必ず行う。血圧測定は、可能な限り立ち会った医師が聴診法により行う。医師が立ち会わない場合あるいは被測定者が多人数の場合には、自動血圧計または医師以外の血圧測定に熟知した者による測定でもよい。(5) 立ち会った医師は、(3)、(4)のデータを総合的に判断し、体力テストの実施の可否や体力テストの一部の禁止などを決定する。(6) 医師が立ち会っていない場合には、健康状態のチェック表で体の具合が悪い点があれば、体力テストを延期あるいは中止させる。(7) 医師が立ち会っていない場合、収縮期血圧が 160mmhg 以上、拡張期血圧が 95mmhg 以上の時、脈拍数が 100 拍／分以上の時には、体力テストを延期あるいは中止させる。※ただし被測定者が強く希望する場合には、長座体前屈、開眼片足立ち、１０ｍ障害物歩行に関しては実施可能とする。(6) 薬物治療を受けている場合には、可能な限り主治医の許可を得るか、あるいは治療内容により、立ち会った医師が実施の可否を決定する。(9) 日常生活活動調査票の回答状況について「体力テスト項目実施の ＡＤＬ によるスクリーニングに関する判定基準」により判定し、テスト実施の可否について検討する。
テストは定められた方法のとおり正確に行う。
テスト前後には、適切な準備運動及び整理運動を行う。
テスト場の整備、器材の点検を行う。
テストの順序は定められていないが、６分間歩行は最後に実施する。
計器（握力計、ストップウォッチなど）は正確なものを使用し、その使用を誤らないようにする。全ての計器は使用前に検定することが望ましい。

第1章　身体管理の測定と評価

表33. ADL（日常生活活動テスト）[8]

1　準備
　　「ADL（日常生活活動テスト）」質問紙を準備する。

2　方法
　　質問紙に回答させる。

3．記録
（1）各設問につき，選択肢の中から当てはまるものを1つ選び，選択肢番号に○をつけるとともに，選択肢の番号を右の□の中に記入する。
（2）各設問とも，1に回答の場合は1点，2は2点，3は3点として合計し，総合得点を下の□の中に記入する。また，ADLによるテスト項目実施のスクリーニングに関する判定基準を参照し，テスト実施の可否についての判定を下の□の中に記入する。

4　実施上の注意
（1）集合調査が可能な場合は，測定者が設問文を読み上げ，回答させることも有効である。
（2）老眼鏡を持参させるとよい。

ADL（日常生活活動テスト）

＊　各問について，該当するものを1つ選び，その番号を□の中に，該当するものが無い場合は×を記入してください。

問1　休まないで，どれくらい歩けますか。
　　　1．5～10分程度　　　　2．20～40分程度　　　3．1時間以上

問2　休まないで，どれくらい走れますか。
　　　1．走れない　　　　　　2　3～5分程度　　　　3．10分以上

問3　どれくらいの幅の溝だったら，とび越えられますか。
　　　1．できない　　　　　　2　30cm程度　　　　　3．50cm程度

問4　階段をどのようにして昇りますか。
　　　1．手すりや壁につかまらないと昇れない
　　　2．ゆっくりなら，手すりや壁につかまらずに昇れる
　　　3．サッサと楽に，手すりや壁につかまらずに昇れる

問5　正座の姿勢からどのようにして，立ち上がれますか。
　　　1．できない
　　　2．手を床についてなら立ち上がれる
　　　3．手を使わずに立ち上がれる

問6　目を開けて片足で，何秒くらい立っていられますか。
　　　1．できない　　　　　　2．10～20秒程度　　　3．30秒以上

問7　バスや電車に乗ったとき，立っていられますか。
　　　1．立っていられない
　　　2．吊革や手すりにつかまれば立っていられる
　　　3．発車や停車の時以外は何にもつかまらずに立っていられる

問8　立ったままで，ズボンやスカートがはけますか。
　　　1．座らないとできない
　　　2．何かにつかまれば立ったままできる
　　　3．何にもつかまらないで立ったままできる

問9　シャツの前ボタンを，掛けたり外したりできますか。
　　　1．両手でゆっくりとならできる
　　　2．両手で素早くできる
　　　3．片手でもできる

問10　布団の上げ下ろしができますか。
　　　1．できない
　　　2．毛布や軽い布団ならできる
　　　3．重い布団でも楽にできる

問11　どれくらいの重さの荷物なら，10m運べますか。
　　　1．できない　　　　　　2．5kg程度　　　　　3．10kg程度

問12　仰向けに寝た姿勢から，手を使わないで．上体だけを起こせますか。
　　　1．できない　　　　　　2．1～2回程度　　　3．3～4回以上

総合得点□　　判定□

表34. ADL によるテスト項目実施のスクリーニングに関する判定基準[8]

［スクリーニング項目］

問	内　容	回答状況及び判定
1	休まないで，どれくらい歩けますか。 　①5～10分程度　②20～40分程度　③1時間以上	問1，5及び6において①に回答した場合 →→6分間歩行，10m障害物歩行及び開眼片足立ちテストは実施不可能 その他のテスト項目の実施についても慎重な検討を要する。
5	正座の姿勢からどのようにして，立ち上がれますか。 　①できない 　②手を床についてなら立ち上がれる 　③手を使わずに立ち上がれる	
6	目を開けて片足で，何秒くらい立っていられますか。 　①できない　②10～20分程度　③30秒以上	
3	どれくらいの幅の溝だったら，とび越えられますか。 　①できない　②30cm程度　　③50cm程度	問1，5及び6において①以外に回答し，問3，4のいずれかにおいて①に回答した場合 →→6分間歩行及び10m障害物歩行テストの実施について慎重な検討を要する。 特に，6分間歩行テストの実施
4	階段をどのようにして昇りますか。 　①手すりや壁につかまらないと昇れない 　②ゆっくりなら，手すりや壁につかまらずに昇れる 　③サッサと楽に，手すりや壁につかまらずに昇れる	
10	布団の上げ下ろしができますか。 　①できない 　②毛布や軽い布団ならできる 　③重い布団でも楽にできる	問10及び12において①に回答した場合 →→上体起こしテストは実施不可能
12	仰向けに寝た姿勢から，手を使わないで，上体だけを起こせますか。 　①できない　②1～2回程度　③3～4回以上	
2	休まないで，どれくらい走れますか。 　①走れない　②3～5分程度　　③10分以上	問2及び11において③と回答した場合 →→特別な障害がない限り全てのテスト項目について実施可能
11	どれくらいの重さの荷物なら，10m運べますか。 　①できない　②5kg程度　　③10kg程度	

［総合得点によるテスト実施のスクリーニング］　＊全設問に回答（無回答なし）の場合に利用
各設問とも，①に回答の場合は1点，②は2点，③は3点として合計し，総合得点とする。

総合得点	回答状況	判定	判定に関する条件
12点以下	全ての設問において①に回答	×	6分間歩行，上体起こし，開眼片足立ち及び10m障害物歩行テストは実施不可能
24点未満	設問によっては回答②あるいは，回答③も含まれる。	△	6分間歩行，上体起こし及び10m障害物歩行テストの実施について慎重な検討を要する。 特に，問1，5及び6の回答に注意する。 被測定者の状態により，それ以外のテスト項目の実施についても慎重な検討を要する。
24点以上	ほぼ全ての設問において回答②以上に回答する。 設問によっては回答①あるいは，回答③も含まれる。	○	特別な障害がない限り全てのテスト項目について実施可能 ただし，問1，3，4，5，6において回答①が含まれる場合，実施可能テスト項目について慎重な検討を要する。

第1章　身体管理の測定と評価

表35．成人新体力テスト評価表（65歳～79歳対象）[8]

テストの得点表および総合評価
（1）項目別得点表により、記録を採点する。
（2）各項目の得点を合計し、総合評価をする。

項目別得点表

男子

得点	握力	上体起こし	長座体前屈	開眼片足立ち	10m障害物歩行	6分間歩行	得点
10	49kg以上	21回以上	56cm以上	120秒以上	4.4秒以下	755m以上	10
9	45～48	19～20	51～55	73～119	4.5～5.0	695～754	9
8	42～44	16～18	46～50	46～72	5.1～5.6	645～694	8
7	39～41	14～15	41～45	31～45	5.7～6.1	595～644	7
6	36～38	12～13	36～40	21～30	6.2～7.0	550～594	6
5	32～35	10～11	31～35	15～20	7.1～7.8	510～549	5
4	29～31	7～9	26～30	10～14	7.9～8.5	470～509	4
3	25～28	4～6	21～25	7～9	8.6～9.4	430～469	3
2	22～24	1～3	14～20	5～6	9.5～11.0	390～429	2
1	21kg以下	0回	13cm以下	4秒以下	11.1秒以上	389m以下	1

女子

得点	握力	上体起こし	長座体前屈	開眼片足立ち	10m障害物歩行	6分間歩行	得点
10	32kg以上	17回以上	56cm以上	120秒以上	4.4秒以下	690m以上	10
9	29～31	15～16	51～55	67～119	5.1～5.8	640～689	9
8	27～28	13～14	47～50	40～66	5.9～6.5	610～639	8
7	25～26	11～12	43～46	26～29	6.6～7.2	570～609	7
6	32～24	9～10	39～42	18～25	7.2～8.0	525～569	6
5	30～31	7～11	35～38	12～17	8.1～9.0	480～524	5
4	17～19	5～6	30～34	8～11	9.1～10.4	435～479	4
3	14～16	3～4	24～39	5～7	10.5～12.6	400～434	3
2	12～13	1～2	18～33	4	12.7～15.0	340～399	2
1	11kg以下	0回	17cm以下	3秒以下	15.1秒以上	339m以下	1

総合評価基準表

段階	65歳～69歳	70歳～74歳	75歳以上
A	49以上	46以上	43以上
B	41～43	38～45	34～42
C	32～40	30～37	26～33
D	25～32	22～29	18～25
E	24以下	21以下	17以下

表36. 成人新体力テスト（65歳〜79歳対象）[8]

健康状態のチェック

記述日：平成_____年___月___日

氏　名_____性___生年月日_____年___月___日___歳
（年齢＝平成　年4月1日現在の満年齢）

　以下の質問について，当てはまるものの番号を○印で囲んでください。また，必要に応じて，（　　）内に記述してください。

Ⅰ．現在，体の具合の悪いことがありますか（体調が悪いですか）。

　　1．はい　　　2．いいえ

「はい」と答えた方は，以下の質問にも答えてください。
○どういう点ですか，以下から選んでください。
　　1．熱がある　　　2．頭痛がする　　　3．腹痛がある
　　4．胸がしめつけられる　　　5．息切れが多い　　　6．めまいがする
　　7．強い関節痛がある　　　8．睡眠不足で非常に眠い　9．強い疲労感がある
　　10．その他（＿＿＿＿＿＿＿＿＿＿＿＿＿＿＿＿＿＿＿＿＿）

Ⅱ．生まれてから現在までに，何か病気をしましたか（特に内科の疾患）。

　　1．はい　　　2．いいえ

「はい」と答えた方は，以下の質問にも答えてください。
○どのような病気ですか，以下から選んでください。
　　1．狭心症または心筋梗塞　　　2．不整脈（病名：＿＿＿＿＿＿＿）
　　3．その他の心臓病（病名：＿＿＿＿＿＿＿＿）　4．高血圧症
　　5．脳血管障害（脳梗塞や脳出血）　　6．糖尿病　　7．高脂血症
　　8．貧血　　9．気管支喘息
　　10．その他（＿＿＿＿＿＿＿＿＿＿＿＿＿＿＿＿＿＿＿＿＿）

○薬物治療を受けている病気がありますか。

　　1．はい　　　2．いいえ

「はい」と答えた方は以下にも答えてください。
　　（病名：＿＿＿＿＿＿＿＿＿＿＿＿＿＿＿＿＿＿＿＿＿）
分かれば服用している薬の名前を記述してください。
　　（薬剤名：＿＿＿＿＿＿＿＿＿＿＿＿＿＿＿＿＿＿＿＿＿）

Ⅲ、以下の項目を測定し，記述してください（現在の値を）。

　　○脈拍数＿＿＿＿拍／分

　　○血　圧＿＿＿＿／＿＿＿＿mmHg

第1章　身体管理の測定と評価

表37．新体力テスト（65歳〜79歳対象）[8]

記入上の注意

1) 「住所」に，居住地の都道府県名を記入してください。
2) 「年齢」は，平成　年4月1日現在の満年齢を記入してください。
3) 「都市階級区分」については，居住地が次のいずれに該当するかを判断し，その番号を○で囲んでください。
   　(1) 大・中都市…人口15万人以上の市　政令指定都市。
   　(2) 小都市………人口15万人未満の市
   　(3) 町村
4) 「学生時代の運動部（クラブ）活動の経験」において，旧制の学校を卒業した者は，下記に相当する者として，該当する番号を○で囲んでください。
   　(1) 旧制の中学校は，新制の高校。
   　(2) 旧制の高校，師範学校及び専門学校は，新制の大学。
5) その他については，該当する番号を○で囲んでください。
6) 2回テストをする項目については，そのよい方の記録の左側に○印をつけてください。
7) 総合評価については，該当する記号を○で囲んでください。

No.	氏　名				本人の住所		都道府県
1．平成　年4月1日現在の年齢				歳	2．性別	男　・　女	
3．都市階級区分		1．大・中都市		2．小都市		3．町村	
4．健康状態について	1．大いに健康		2．まあ健康		3．あまり健康でない		
5．体力について	1．自信がある		2．普通である		3．不安がある		
6．スポーツクラブへの所属状況		1．所属している		2．所属していない			
7．運動・スポーツの実施状況		1．ほとんど毎日（週3〜4日以上）		2．ときどき（週1〜2日程度）			
		3．ときたま（月1〜3日程度）		4．しない			
8．1日の運動・スポーツ実施時間		1．30分未満		2．30分以上1時間未満			
		3．1時間以上2時間未満		4．2時間以上			
9．朝食の有無	1．毎日食べる		2．時々欠かす		3．まったく食べない		
10．1日の睡眠時間	1．6時間未満		2．6時間以上8時間未満		3．8時間以上		
11．学生時代の運動部（クラブ）活動の経験	1．中学校のみ　2．高校のみ　3．大学のみ　4．中学校・高校						
	5．高校・大学　6．中学校・大学　7．中学校・高校・大学　8．経験なし						
12．体格	1．身長　　　　　cm			2．体重　　　　kg			

項　　目		記　　　　　録			得　点
1．握力	右	1回目　　　　kg	2回目　　　　kg		
	左	1回目　　　　kg	2回目　　　　kg		
	平均		kg		
2．上体起こし			回		
3．長座体前屈	1回目　　　cm	2回目　　　cm			
4．開眼片足立ち	1回目　　　秒	2回目　　　秒			
5．10m障害物歩行	1回目　　　秒	2回目　　　秒			
6．6分間歩行			m		
得　　点　　合　　計					
総　　合　　評　　価	A　　B　　C　　D　　E				

75

表38．運動強度を表す指標

50%$\dot{V}O_2max$の強度までの心拍出量の増加は、1回拍出量と心拍数の増加に依存するがこれ以上になると心拍数の増加だけによる。最大酸素摂取量とは、「単位時間当たりに組織が酸素を取り込む最大の量」のことで、この値が大きいほど「全身持久力が優れている」と評価されている。

%HRmax ＝運動時心拍数÷最大心拍数

① ［最大心拍数　（HRmax）］＝ 220 －［年齢］

（トレーニングを重ねている人では、210 －［年齢］）

② ［最大心拍数　（HRmax）］＝ 204 － 0.69 ×［年齢］

③ ［最大心拍数　（HRmax）］＝ 214 － 0.8 ×［年齢（♂）］、

または　209 － 0.7 ×［年齢（♀）］

④ ［最大心拍数　（HRmax）］＝ 1.1 ×［安静心拍数（HRrest）］＋ 115

最大心拍数 × % HRmax／100 ＝ 運動時心拍数

カルボネン方程式（Karvonen Formula）

% HRreserve ＝（運動時心拍数－安静時心拍数）÷（最大心拍数－安静時心拍数）× 100

又は、（最大心拍数－安静時心拍数）×% HRreserve／100＋安静時心拍数 ＝ 運動時心拍数

RPE（ratings of perceived exertion）主観的運動強度・・運動者が運動中に感じられる運動の強度を数字で表した物。

目標心拍数＝（220 －年齢）× 0.6 ～ 0.7　という計算式と比較しても妥当な数値である。

メッツ（MET）（metabolic equivalent）・・身体活動におけるエネルギー消費量を座位安静時代謝（酸素摂取量で約3.5ml/kg/分）で除した物。

メッツ・時・・身体活動におけるエネルギー消費量を座位安静時代謝（酸素摂取量で約3.5ml/kg/分）で除した物に、運動時間をかけた物。

（酸素１リットルの消費を 5.0kcal のエネルギー消費と換算している。）

例　　体重が 70kg の１時間あたりの座位安静時のエネルギー消費量

１分間あたりの酸素消費量　　　3.5ml/kg/分×70kg ＝ 245 ml/min

0.245 リットル

１時間あたりの酸素消費量　　　0.245 × 60 ＝ 14.7 リットル

１時間あたりのエネルギー消費量　　5.0kcal × 14.7　　＝ 73.5 ≒ 74 Kcal

第1章　身体管理の測定と評価

6）メタボリックシンドロームの測定と評価

①定義

　メタボリックシンドロームの判定基準となっている腹囲は、臍囲である。男性は85cm以上、女性は90cm以上が内臓脂肪面積100平方cm以上に相当するといわれている。メタボリックシンドコームは、動脈硬化性疾患（心筋梗塞や脳梗塞など）の危険性を高める複合型リスク症候群を「メタボリックシンドローム」という概念のもとに統一しようとしたものである。日本肥満学会、日本動脈硬化学会、日本糖尿病学会、日本高血圧学会、日本循環器学会、日本腎臓病学会、日本血栓止血学会、日本内科学会の8学会が日本におけるメタボリックシンドロームの診断基準をまとめ、内臓脂肪症候群の提唱者であり、世界のメタボリックシンドロームの基準策定にも貢献された松澤佑次委員長（メタボリックシンドローム診断基準検討委員会）により2005年4月に公表されている。

　本診断基準では、必須項目となる内臓脂肪蓄積（内臓脂肪面積100平方cm以上）のマーカーとして、ウエスト周囲径が男性で85cm、女性で90cm以上を「要注意」とし、その中で①血清脂質異常（トリグリセリド値150mg/dℓ以上、またはHDLコレステロール値40mg/dℓ未満）②血圧高値（最高血圧130mmHg以上、または最低血圧85mmHg以上）③高血糖（空腹時血糖値110mg/dℓ）の3項目のうち2つ以上を有する場合をメタボリックシンドロームと診断すると規定している。（図51）（表39）

②測定方法

（1）腹囲測定は、おへそまわりを測る。腰の一番細い部分は測らない。男性値は85cm以上、女性の場合は90cm以上が診断基準である。

（2）血圧測定は、前述の「血圧」を参照。

（3）血液生化学検査は、トリグリセリド値、HDLコレステロール値、空腹時血糖値、HbA1cなどは、医師のもと指示に従って測定する。

③応用例

（1）高血圧者に対しての運動療法と食事療法の併用の効果

　1週間滞在型の高血圧観光客に対し、海洋深層水を用いた温浴施設を毎日1回程度利用してもらい、更に、栄養コントロール下において、どのような影響を及ぼすのか、その患者らの健康状態を検討した。2008年11月20日～26日までの6泊7日、毎日1回温浴施設を利用してもらい、水中運動を実施し、血圧測定を行った。

　　1）モニター

　　　　22名（女性9名、男性13名）、平均年齢61.0±7.5歳であった。

　　2）栄養摂取カロリー

77

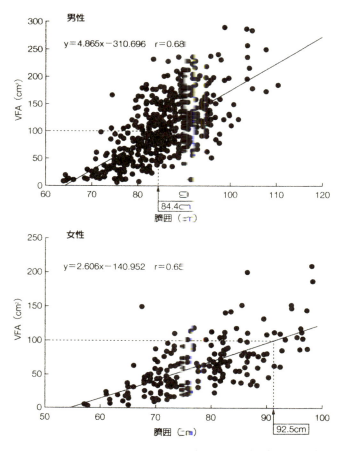

図51. 内臓脂肪面積（VFA）（cm²）と腹囲（cm）との関係

（田畑泉　編著「メタボリックシンドロームシンドローム解消ハンドブック」より改変）

表39．メタボリックシンドローム判定基準[21]

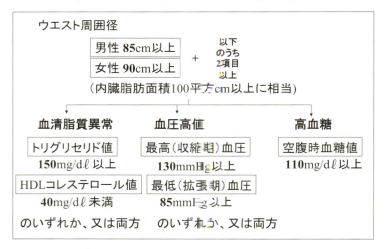

（財団法人健康・体力づくり事業財団：健康運動指導士養成講習会テキスト（上）（下）、2007より改変）

2日目から6日目までの平均摂取カロリーは、1810.8±131.5kcalであった。
3）運動消費カロリー

2日目から6日目までの平均運動消費カロリーは、666.7±229.3kcalであった。
4）血圧値の変化

実施前（PRE）の収縮期血圧160.7±20.8mmHgが、1週間後（POST）126.7±13.3mmHgに統計上有意に減少していた。また、実施前（PRE）の拡張期血圧98.7±16.0mmHgが、1週間後（POST）77.4±9.5mmHgに統計上有意に減少していた（図52）（p<0.01）。

本調査結果により、1週間滞在型の高血圧観光客に対し、本栄養プログラムと観光プログラム、更には水中運動プログラムは、正常血圧へと低下させることがわかった。これは、副交感神経系の亢進により、末梢血管抵抗が減少し、血圧が低下したのではないかと考えられた。

(2) 高脂血症者に対しての運動療法と食事療法の併用の効果

1週間滞在型の高脂血症観光客に対し、海洋深層水を用いた温浴施設を毎日1回程度利用してもらい、更に、栄養コントロール下において、どのような影響を及ぼすのか、その患者らの健康状態を検討した。2008年11月27日～12月3日までの6泊7日、毎日1回温浴施設を利用してもらい、水中運動を実施し、血液生化学検査を行った。

1）モニター

22名（女性15名、男性7名）、平均年齢57.5±10.6歳であった。

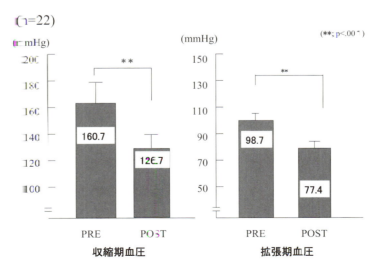

図52．高血圧者における収縮期及び拡張期血圧の変化（須藤、2009）

2) 栄養摂取カロリー

　　2日目から6日目までの平均摂取カロリーは、1853.7±192.4kcalであった。
3) 運動消費カロリー

　　2日目から6日目までの平均運動消費カロリーは、670.5±240.5kcalであった。
4) 総コレステロール値と中性脂肪値の変化

　　実施前の総コレステロール値は208.4±31.0mg/dlが、1週間後192.5±28.6mg/dlに減少していた。また、中性脂肪値は126.1±65.6mg/dlが、1週間後74.1±38.5mg/dlに減少していた（図53）（p<0.01）。

　本調査結果により、1週間滞在型の高脂血症観光客に対し、本栄養プログラムと観光プログラム、更には、水中運動プログラムは、総コレステロール値と中性脂肪値を低下させることがわかった。特に、運動による中性脂肪の減少、食事制限による総コレステロールの減少がもたらされたのではないかと考えられた。

(3) 高血糖者に対しての運動療法と食事療法の併用の効果

　1週間滞在型の糖尿病観光客に対し、海洋深層水を用いた温浴施設を毎日1回程度利用してもらい、更に、栄養コントロール下において、どのような影響を及ぼすのか、その患者らの健康状態を検討した。2008年12月4日～10日までの6泊7日、毎日1回温浴施設を利用してもらい、水中運動を実施した。以下の結果を得た。

1) モニターについて

　　19名（女性6名、男性13名）、平均年齢63.7±6.6歳であった。

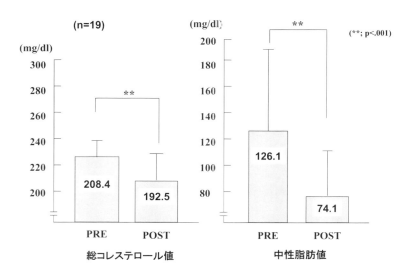

図53. 高脂血症者おける総コレステロール及び中性脂肪の変化（須藤、2009）

第1章　身体管理の測定と評価

2）栄養摂取カロリーについて

　2日目から6日目までの平均摂取カロリーは、1888.5±192.5kcalであった。

3）運動消費カロリーについて

　2日目から6日目までの平均運動消費カロリーは、660.5±220.8kcalであった。

4）血糖値の変化について

　空腹時血糖値は、実施前（PRE）117.6±24.4mg/dl、1週間後（POST）113.2±26mg/dlと低下傾向を示し、実施前（PRE）と1週間後（POST）には統計上有意な低下を示した（図54）（p<0.05）。

5）HbA1cの変化について

　HbA1c値は、実施前（PRE）5.9±1.2%、1週間後（POST）5.6±1.1%と低下傾向を示し、実施前（PRE）と1週間後（POST）には統計上有意な低下を示した（図55）（p<0.01）。

本調査結果より、1週間滞在型の高血糖観光客に対し、本栄養プログラムと観光プログラム、更には、水中運動プログラムは、血糖値とHbA1c値を低下させることがわかった。

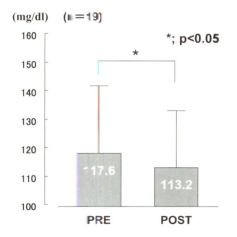 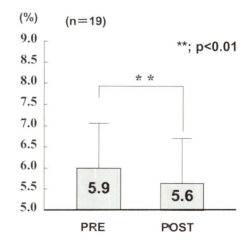

図54．高血糖者における血糖値の変化（須藤、2009）　　図55．高血糖者におけるHbA1cの変化（須藤、2009）

正常域　4.3〜5.8%）

参考文献

1) 市原清志；バイオサイエンスの統計学，南江堂，1990.

2) 池上晴夫；運動処方，朝倉書店，1982.

3) 小林寛道；子どもにとって体力とは何か，子どもと発育発達，Vol. 1，No. 2，杏林書院，p.4-8，2003.

4) 厚生労働省；健康づくりのための運動指針2006，2006.

5) Lippincott wiliiams & Wilkins；ACSM's guidelines for exercise testing and prescription7yh edition, American College of Sports Medicine, 2005.

6) メタボリックシンドローム診断基準検討委員会；メタボリックシンドロームの定義と診断基準，日本内科学会雑誌，94，p.1-16，2005.

7) 文部科学省；新体力テスト－有意義な活用のために－，ぎょうせい，2000.

8) 文部科学省；新体力テスト実施要項（65-79歳対象），2000.

9) 文部科学省；平成17年度体力・運動能力調査報告書，2006.

10) Scammon,R.E, Harris.J.A., Jackson.C.M., & Paterson.D.G.；The measurement of Man, Minesota Press, 1930.

11) 須藤明治；幼児・学童における水泳技術習得臨界期について，第57回日本体育学会，弘前，2006.

12) 須藤明治；水泳教師教本，大修館書店，2006.

13) 須藤明治；子どもの発育発達とスポーツ指導のあり方，国士舘大学体育・スポーツ科学研究，第7号，p.11-25，2007.

14) 須藤明治，角田直也，田口信教；水中環境下での脚筋力トレーニングは筋血流制限下のトレーニングといえるのか，デサントスポーツ科学，22，p193-203，2001.

15) 須藤明治，角田直也，田口信教，小宮節朗，井尻成幸；高血圧者における水中浸漬時の水圧が筋組織血液動態に及ぼす影響について，デサントスポーツ科学，25，pp94-102，2004.

16) 須藤明治，角田直也，渡辺剛；水中運動後の陸上時の筋組織血液動態，国士舘大学体育研究所報抜刷，24，p.23-30，2005.

17) 田畑泉 編著；メタボリックシンドローム解消ハンドブック，杏林書院，2008.

18) 東京都立大学体力標準値研究会；新・日本人の体力標準値2000，誠信社，2000.

19) 上杉憲司；コーチングクリニック，ベースボールマガジン社，1998.

20) 吉沢茂弘；育ちざかりの体力とスポーツ，Japanese Journal of Sports Science，8（8），pp492-499，1989.

21) 財団法人健康・体力づくり事業財団；健康運動指導士養成講習会テキスト（上）（下），2007.

第2章　新体力テストの変遷

1．新体力テストの変遷

1）スポーツテストの始まり

　1964年の東京オリンピックを機に、国民の体力への関心が高まり、国民の体力の情報を収集するために、「運動能力テスト」と「体力診断テスト」を発案し、小学生から社会人まで広い世代での、テストが開始された。

　この際、1998年（平成10年）までスポーツテストと称して、全国で体力の測定が行われるようになった。

2）運動能力テスト（総合的な体力）

・50m走（走力）

・走り幅跳び（跳躍力）

・ハンドボール投げ（小学生はソフトボール投げ）（投力）

・懸垂腕屈伸（小学生＆中学生女子は斜懸垂）（筋持久力）

・ジグザグドリブル（小学生のみ）（調整力）

・連続逆上がり（小学生のみ）（調整力）

・持久走（中学生以上）（全身持久力）

3）体力診断テスト（部位的な体力）

・反復横跳び（調整力）

・垂直跳び（跳躍力）

・背筋力（筋力）

・握力（筋力）

・伏臥上体そらし（柔軟性）

・立位体前屈（柔軟性）

・踏み台昇降運動（持久力）

4）新体力テストへの変化

スポーツテストは、1999年（平成11年）を目金に全面改訂が行われた。スポーツテストを見直すきっかけとして、大きく２つの理由があった。

①60歳以上の高齢者が増加したことから、高齢者にも安全に行えるテストが必要になった

②学校週５日制になることから、試験項目の簡略化や削除が必要になった

また、実施していた項目においていくつかの問題が浮き彫りになってきた背景もある。

表1．スポーツテストから廃止された項目

ジグザグドリブル	調整力よりもドリブルの練習量に左右される
懸垂腕屈伸・斜懸垂	筋力不足で懸垂が出来ない対象者が多数いた
伏臥上体反らし	背筋力を用いた運動であり、柔軟性が反映されているとは言えない
背筋力	肩や腰への衝撃が大きい
走り幅跳び	小学校低学年は立ち幅跳びを代用しており、生涯を通じて立ち幅跳びを継続することが望ましい
垂直跳び	高齢者の場合、着地時の転倒や壁面への衝突が危惧される
立位体前屈	体型の変化により記録が悪化傾向にある
踏み台昇降運動	全身持久力の指標運動といえるか疑わしい

5）新体力テストの項目

1999年より「新体力テスト」が改訂され、以前の６項目を継承し、新たに３項目を追加し、９項目で構成されて開始された。

1．50m走（走力）

2．握力（筋力）

3．反復横跳び（敏捷性）

4．ソフトボール投げ（投力）

5．立ち幅跳び（跳躍力）

6．持久走（全身持久力）

7．上体起こし（筋持久力）

8．長座体前屈（柔軟性）

9．20mシャトルラン（全身持久力）

6）新体力テスト実施内容（年代別）

●6歳〜11歳対象（小学校全学年の男女）

握力、上体起こし、長座体前屈、反復横とび、20mシャトルラン、立ち幅とび、50m走、ソフトボール投げ

●12歳〜19歳対象（12〜19歳の男女）

握力、上体起こし、長座体前屈、反復横とび、20mシャトルラン、立ち幅とび、50m走、ハンドボール投げ、持久走（男1500m・女1000m）

※持久走か20mシャトルランのどちらかを選択する

●20歳〜64歳対象（20〜64歳の男女）

握力、上体起こし、長座体前屈、反復横とび、20mシャトルラン、立ち幅とび、急歩（男1500m・女1000m）

※急歩か20mシャトルランのどちらかを選択する

●65歳〜79歳対象（65〜79歳の男女）…ADLのアンケートにより実施の可否を決める（P.71〜72）

握力、上体起こし、長座体前屈、開眼片足立ち、10m障害物歩行、6分間歩行

※測定の際にメディカルチェックを慎重に行う

7）体力の変化

表2．平成10年度と平成26年度の比較

小学校(11歳)	握力	上体起こし	長座体前屈	反復横とび	20mシャトルラン	持久走	50m走	立ち幅跳び	ボール投げ	合計点
男子	低下	向上	横ばい	向上	向上		向上	低下	低下	向上
女子	横ばい	向上	向上	向上	向上		向上	横ばい	横ばい	向上

中学生(13歳)	握力	上体起こし	長座体前屈	反復横とび	20mシャトルラン	持久走	50m走	立ち幅跳び	ボール投げ	合計点
男子	低下	向上	向上	向上	向上	向上	向上	横ばい	横ばい	向上
女子	横ばい	向上	向上	向上	向上	向上	向上	向上	横ばい	向上

高校生(16歳)	握力	上体起こし	長座体前屈	反復横とび	20mシャトルラン	持久走	50m走	立ち幅跳び	ボール投げ	合計点
男子	低下	向上	向上	向上	向上	向上	向上	横ばい	低下	向上
女子	横ばい	向上	向上	向上	向上	横ばい	向上	向上	横ばい	向上

※11歳、13歳、16歳の男女を対象とした場合

表3．コロナウイルス禍前後での比較

新型コロナウイルス禍前後の体力・運動能力調査合計点の比較

男子	令和元年度	令和3年度	増減	女子	令和元年度	令和3年度	増減
6歳	30.65	31.42	0.77	6歳	30.78	31.30	0.52
7歳	38.10	37.97	-0.13	7歳	38.22	38.41	0.19
8歳	44.71	43.96	-0.75	8歳	44.50	45.33	0.83
9歳	49.83	49.79	-0.04	9歳	51.28	51.11	-0.17
10歳	56.09	55.27	-0.82	10歳	56.69	56.52	-0.17
11歳	61.29	60.78	-0.51	11歳	62.72	61.59	-1.13
12歳	35.54	35.62	0.08	12歳	47.42	45.33	-2.09
13歳	45.07	44.66	-0.41	13歳	53.45	51.76	-1.69
14歳	51.32	50.80	-0.52	14歳	55.83	54.91	-0.92
15歳	50.66	49.60	-1.06	15歳	51.18	51.18	0
16歳	55.46	54.07	-1.39	16歳	53.27	53.88	0.61
17歳	57.55	57.12	-0.43	17歳	53.90	53.49	-0.41
18歳	53.45	53.25	-0.2	18歳	49.70	49.89	0.19

※ ▨ は、コロナ禍で点数が下がった年齢。スポーツ庁の報告書を基に作成

引用：スポーツ庁「令和3年度 体力・運動能力調査」

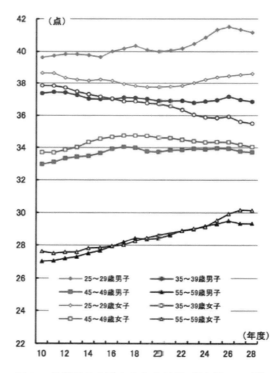

図1．年代別の合計点の年次推移（20代～50代）

第2章 新体力テストの変遷

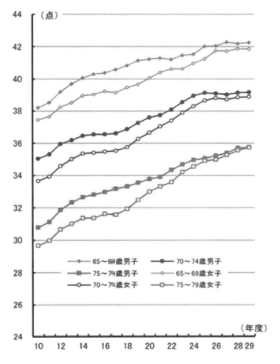

図2．年代別の合計点の年次推移（65歳～）

図3．新体力テストの結果の例

引用：小学校☆三年生☆児童 生徒体力 運動能力調査

2．握力

1）定義

・握力は、握力計を握ることによる手のひらや前腕の静的最大筋力である
・握力は体の他の筋力と関係があることが示されており、筋力の指標とされる
・行動体力における行動を起こす力に該当する
・握力は新体力テストの6－79歳の共通項目である

2）握力の年齢変化

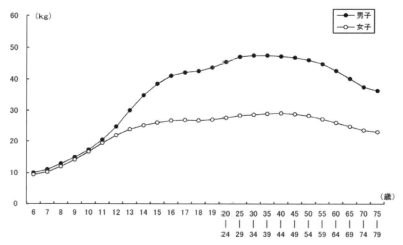

引用：文部科学省（平成26年度体力・運動能力調査結果の概要及び報告書について）

3）測定方法

・握力計の指針が外側になるように持ち握る
・人差し指の第2関節がほぼ直角になるように握り幅を調節する
・直立の姿勢で立ち、両足は自然に開き、腕を下げ、握力計を身体や衣服にふれないようにして力いっぱい握りしめる
・握力計を振り回さないようにする

第 2 章 新体力テストの変遷

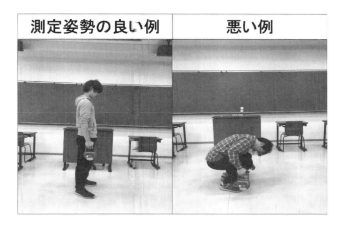

図 1. 測定方法（測定姿勢）

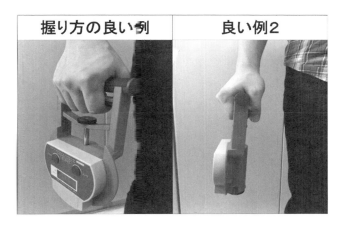

図 2. 測定方法（握り方）

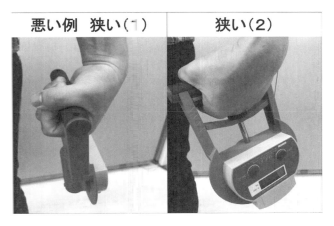

図 3. 測定方法（悪い例①）

89

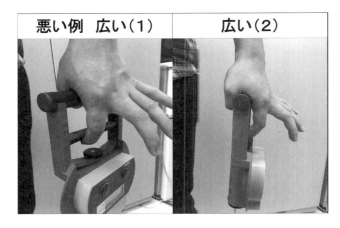

図4．測定方法（悪い例②）

4）記録方法と評価方法

・左右交互に2回ずつ実施する（同一被験者に対して2回連続して行わない）
・単位はキログラム単位とし、キログラム未満は切り捨てる
・左右おのおのの良い方の記録を平均し、キログラム未満は四捨五入する

例
　右1回目 42.8kg　　左1回目 44.3kg
　右2回目 45.6kg　　左2回目 41.7kg
①全ての小数点以下を切り捨て、左右の良い方を平均する
　　右45kg、左44kg　→平均44.5kg
②平均値は四捨五入するため、45kgとなる

5）実施上の注意

・握力のテストは、右左の順に行う
・同一被験者に続けて行わない
・握力計は、振り回したり体につけたりして握らない
・幼児に対して実施する場合、幼児用の握力計を使用することが望ましい

6）握力について

握力とは、手を握るときに発揮される手の力のこと。握力は主に前腕部と上腕部の筋肉によって発揮され、全身の筋力とも関連がある。

握力は以下の4つに分類される：

1. クラッシュ力（ものを握りつぶす力）
2. ピンチ力（物をつまむ力）
3. ホールド力（握ったものを保持する力）
4. ものを引く力

握力は、健康状態や筋力の指標としても重要で、特に高齢者の筋力測定に利用される。握力を高めるためには、ダンベルやバーベルを使った筋力トレーニングが効果的。

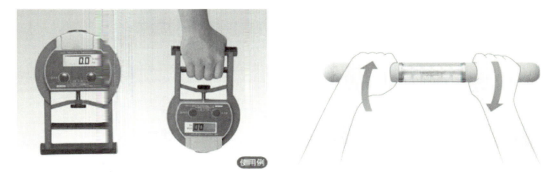

図5　握力計　　　　　　　　　　　図6．ヘルスグリップ

引用：シックスパッド ヘルスグリップ（Health Grip）　SIXPAD公式サイト

3．長座体前屈

1）定義

- 従来行われてきた立位体前屈から変更となり、危険性も少なく、高齢者にも安全に実施することができる
- 長座姿勢から腰部を出来るだけ前屈させたときの長さである。前方に伸ばした手の位置をもとに、その柔軟性を測定する
- 行動体力における行動を調整する力（柔軟性）に該当する
- 長座体前屈は新体力テストの6－79歳の共通項目である

2）長座体前屈の年齢変化

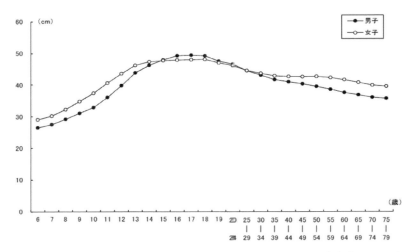

引用：文部科学省（平成26年度体力・運動能力調査結果の概要及び報告書について）

3）測定方法（準備するもの）

・長座体前屈測定器を使用する場合はそれに従う。測定器がない場合は、以下の用途で器具を作成する
・幅約22cm・高さ約24cm・奥行き約31cmの箱2個（A4用紙の箱など）、段ボール厚紙1枚（横80cm×縦約31cm）、ガムテープ、1mのスケール
・高さ約24cmの箱を、左右約40cm離して平行に置く。その上に段ボール厚紙をのせ、ガムテープで厚紙と箱を固定する（厚紙が弱い場合は、板などで補強してもよい）。床から厚紙の上面までの高さは、25cm（±_cm）とする
・右または左の箱の横にスケールを置く

図1．長座体前屈計①

図2．長座体前屈計②

第2章 新体力テストの変遷

4) 測定方法

- 初期姿勢：実施者は、脚を両箱の間に入れ、長座姿勢をとる。壁に背、尻をぴったりとつける。ただし、足首の角度は固定しない。肩幅の広さで両手のひらを下にして、手のひらの中央付近が、厚紙の手前端にかかるように置き、胸を張って、肘を伸ばしたまま両手で箱を手前に十分引きつけ、背筋を伸ばす
- 初期姿勢時のスケールの位置：初期姿勢時の箱の手前右または左の角に零点を合わせる
- 前屈動作：実施者は、手を厚紙から離さずにゆっくりと前屈して、箱全体を真っ直ぐ前方にできるだけ遠くまで滑らせる。このとき、膝が曲がらないように注意する。最大に前屈した後に厚紙から手を離す

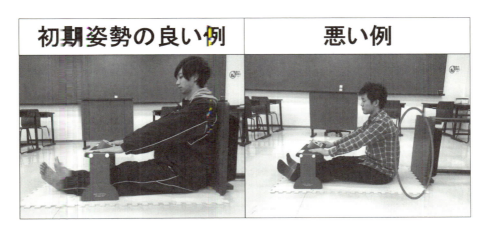

図3．測定方法（初期姿勢）

図4．測定方法（悪い例）

93

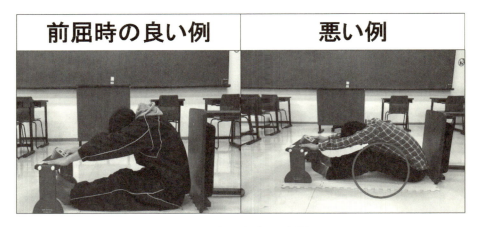

図5．測定方法（前屈姿勢）

5）記録方法

- 初期姿勢から最大前屈時の箱の移動距離をスケールから読み取る
- 記録はセンチメートル単位とし、センチメートル未満は切り捨てる
- 2回実施してよい方の記録とする

6）実施上の注意点

- 前屈姿勢をとったとき、膝が曲がらないように気をつける
- 箱が真っ直ぐ前方に移動するように注意する（ガードレールを設けてもよい）
- 箱がスムーズに滑るように床面の状態に気を付ける
- 靴を脱いで実施する

7）長座体前屈について

長座体前屈は、地面に足を伸ばして座り、上半身を前屈させて手がどこまで届くかを測定することで、体の柔軟性を評価できる。

この測定は、特に腰部から大腿部にかけての筋肉（大腿二頭筋、大臀筋、腓腹筋、股関節など）の柔軟性を評価するために行われる。

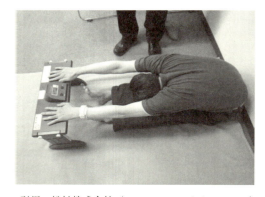

引用：松村株式会社（matsumura-yokohama.com）

1．地面に足を伸ばして座る。
2．背中をまっすぐにして、両手を前に伸ばす。
3．体を前屈し、手がどこまで届くかを測定する。

この測定は、腰痛や膝痛の予防にも関連しており、柔軟性が低いとこれらのリスクが高くなることがある。

引用：長座体前屈のやり方のコツ（ポイント）

4．上体起こし

1）定義

・腹筋群の動的持久性能力を示す測定項目である
・行動体力における行動を維持する力（筋持久力）に該当する
・新体力テストだけでなく、トレーニングとしても用いられる運動である
・上体起こしは新体力テストの6－79歳の共通項目である

2）上体起こしの年齢変化

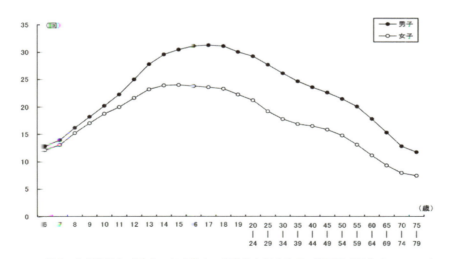

引用：文部科学省（平成26年度体力・運動能力調査結果の概要及び報告書について）

3）測定方法

・マット上で仰臥姿勢をとり、両手を握り、胸の前で腕を組む。この時、膝の角度を直角に保つ
・補助者は、実施者の両膝を抑え、固定する
・「始め」の合図で、仰臥姿勢から、両肘と両大腿部がつくまで上体を起こす
・すばやく開始時の仰臥姿勢に戻す
・30秒間、上記の上体起こしを出来るだけ多く繰り返す

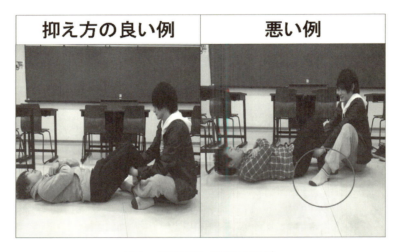

図1．測定方法（補助の仕方）

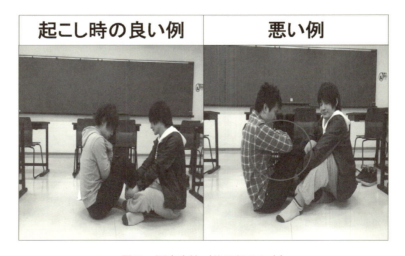

図2．測定方法（体の起こし方）

第2章 新体力テストの変遷

4）記録方法

- 30秒間の上体起こし（両肘と両大腿部がついた）回数を記録とする。ただし、仰臥姿勢に戻ったとき、背中がマットについていない場合は回数としない
- 実施は1回とする

5）実施上の注意点

- 両腕を組み両脇をしめる。仰臥姿勢の際は、背中（肩甲骨）がマットにつくまで上体を倒す
- 補助者は実施者の下肢が動かないように両腕で両膝をしっかり固定する。しっかりと固定するために、補助者は実施者よりも体格が大きい者が望ましい
- 実施者と補助者の頭がぶつからないように注意する
- 実施者のメガネは、外すようにする

6）上体起こしについて

上体起こしは、仰向けに寝た状態から上体を起こし、再び仰向けに戻る動作を繰り返す。この運動は、腹筋や体幹の筋力と筋持久力を測定するために行われる。

1. マット上に仰向けに寝て、膝を90度に曲げる
2. 両手を軽く握り、胸の前で組む
3. 補助者が膝を押さえて固定する
4. スタートの合図で、両肘が両太ももに触れるまで上体を起こす
5. すばやく仰向けの姿勢に戻す
6. 30秒間で可能な限り多く繰り返し、その回数を計測する

上体起こしは、腹筋だけでなく、腸腰筋などの他の筋肉も使うため、全身の筋力向上に役立つ。

引用：itakatoshio.com

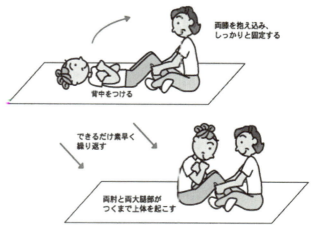

引用：health-net.or.jp

97

5．反復横跳び

1）定義

- サイドステップ動作により敏捷性をみる測定項目である
- 行動体力における行動を調整する力（敏捷性）に該当する
- 自分自身の体重が負荷となるため、それに耐えうる脚パワーも必要となる。また、切り替えし動作の素早さが要求されることから、神経－筋系の要素も加味される
- 反復横跳びは新体力テストの6－64歳の共通項目である

2）反復横跳びの年齢変化

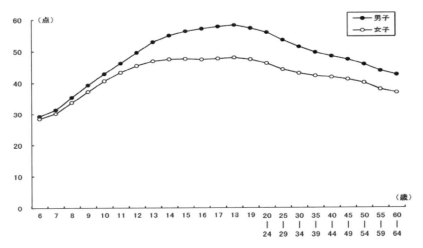

引用：文部科学省（平成26年度体力・運動能力調査結果の概要及び報告書について）

3）測定方法（準備するもの）

- 床の上に、中央ラインを引き、その両側100cmのところに2本の平行ラインを引く
- ストップウォッチを用意する

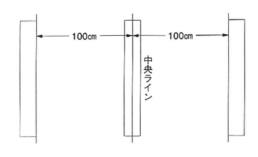

図1．反復横跳びの準備

・中央ラインをまたいで立ち、「始め」の合図で右側のラインを越すか、または、踏むまでサイドステップ（ジャンプしてはいけない）、次に中央ラインに戻り、さらに左側のラインを越すか、または、踏むまでサイドステップする

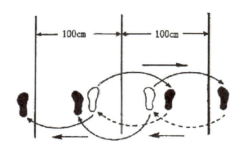

図２．測定方法（ステップの方法）

4）記録方法

・左右の切り替えしの運動を20秒間繰り返し、それぞれのラインを通過するごとに１点を与える（右、中央、左、中央で４点）
・テストを２回実施してよい方の記録とする

5）実施上の注意点

・屋内、屋外のいずれで実施してもよいが、屋外で行う場合は、よく整地された安全で滑りにくい場所で実施すること（コンクリート等の上では実施しない）
・このテストは、同一の実施者に対して、続けて行わない
・次の場合は点数としない
　ア．外側のラインを踏まない、越えないとき
　イ．中央ラインをまたがなかったとき

6）反復横跳びのコツ

反復横跳びで正しいフォームを身につけるためには、以下のポイントがある。
1．スタートの姿勢：腰を少し落とし、重心を低く保つ
2．重心の位置：重心はつま先側にかけ、かかとは浮かせるか、軽く接地する程度にする
3．移動のコツ：右に移動する際は左足で地面を蹴るイメージで、左に移動する際は右足で地面を蹴るイメージで動く
4．上半身の使い方：上半身は左右に大きく動かさず、中央の線に傾ける

これらのポイントを意識して練習することで、反復横跳びの記録を伸ばすことができる

引用：papamo.net

99

引用：ikedanaoya.com

7）反復横跳びの目標回数

　反復横跳びの目標回数は年齢や性別によって異なるが、一般的な目安として以下のような基準がある。これらの数値は平均的な目標回数であり、個人差があるため、自分のペースで目標を設定する。

- ・小学生：
  - ・男子：約40回
  - ・女子：約38回
- ・中学生：
  - ・男子：約52回
  - ・女子：約47回
- ・高校生：
  - ・男子：約56回
  - ・女子：約48回
- ・成人：
  - ・男子：約55回
  - ・女子：約46回

8）年齢別反復横跳びの平均値

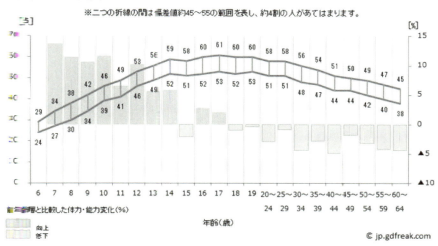

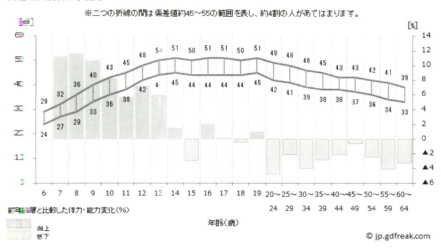

引用：男性・女性の反復横跳び 年齢別の平均値と５段階評価（gdfreak.com）

６．立ち幅跳び

１）定義

・直立姿勢で立ち、助走なしに身体の屈伸運動のみで反動をつけて跳ぶ種目である。垂直跳びと同様、脚パワーが大きな要素となる

101

・基礎的な跳躍における能力及び反動をつける際の柔軟性、着地時の平衡感覚なども記録に関係する
・巧緻性などの様々な能力が必要な運動である

2）立ち幅跳びの年齢変化

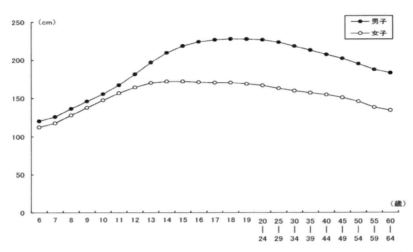

引用：文部科学省（平成26年度体力・運動能力調査結果の概要及び報告書について）

3）測定方法（準備するもの）

・屋外で行う場合
　　砂場、巻き尺、ほうき、砂ならし
　　砂場の手前（30cm〜1m）に踏み切り線を引く
・屋内で行う場合
　　マット（6m程度）、巻き尺、ラインテープ
　　マットを壁に付けて敷く。マットの手前（30cm〜1m）の床にラインテープを張り踏み切り線とする

4）測定方法

・両足を軽く開いて、つま先が踏み切り線の前端にそろうように立つ
・両足で同時に踏み切って前方へ跳ぶ

第2章　新体力テストの変遷

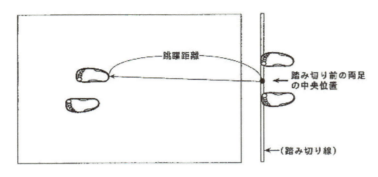

図1．計測距離

5）記録方法

- 身体が砂場（マット）に触れた位置のうち、最も踏み切り線に近い位置と、踏み切り前の両足の中央の位置（踏み切り線の前端）とを結ぶ直線の距離を計測する
- 記録はセンチメートル単位とし、センチメートル未満は切り捨てる
- 2回実施してよい方の記録をとる

6）実施上の注意点

- 踏み切り線から砂場（マット）までの距離は、実施者の実態によって加減する
- 踏み切りの際には、二重踏み切りにならないようにする
- 屋外で行う場合、踏み切り線周辺及び砂場の砂面は、できるだけ整地する
- 屋内で行う場合、着地の際にマットがずれないように、テープ等で固定するとともに、片側を壁につける。滑りにくい（ずれにくい）マットを用意する
- 踏み切り前の両足の中央の位置を任意に決めておくと計測が容易になる

7）立ち幅跳びについて

立ち幅跳びは、助走をつけずに両足を揃えて踏み切り、どれだけ遠くに跳べるかを競う跳躍競技。

踏み切り板に両足を揃えて置き、体の屈伸運動で反動をつけて跳ぶ。着地した地点の最も踏み切り板に近い箇所と踏み切り板の線の前端の距離を測る。

この競技は、瞬発力やタイミングが重要で、特に学校の体力測定などでよく行われる。

引用：papamo.net

103

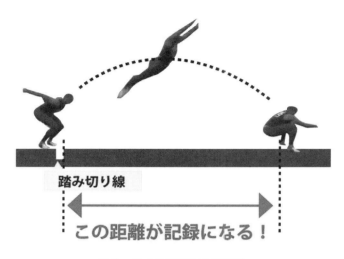

図2．立ち幅跳びの計測距離

引用：spozuba.com

8）立ち幅跳びのコツ

・腕を大きく振る：腕の振りがジャンプの推進力を生み出す。リラックスして、手が真下に来た瞬間にジャンプするのがポイント
・膝をしっかり曲げる：膝を曲げることで、瞬発力を最大限に引き出す
・ジャンプの角度を意識する：理想的なジャンプの角度は45度から50度
・着地は前に倒れるように：腕を後ろに振って前に倒れるようにする

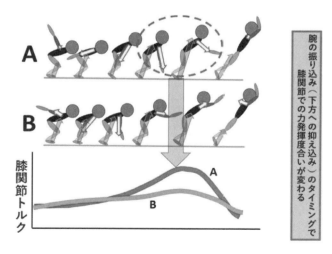

図3．立ち幅跳びのコツ

引用：sprint-condition.info

これらのポイントを意識して練習することで、立ち幅跳びの記録を伸ばすことにつながる。

7．ボール投げ

1）定義

・投動作の測定の1つであり、主として上肢の動的筋機能をみるテストである。肩、腰、肘の筋群の協調性と投動作の修得が重要な要素となる
・小学校新体力テストではソフトボールが採用されているが、中学校以降ではハンドボール投げとなる

2）ボール投げの年齢変化

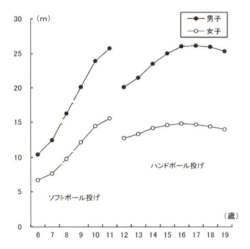

引用：文部科学省（平成26年度体力・運動能力調査結果の概要及び報告書について）

3）測定方法（準備するもの）

・小学生用ソフトボール1号（外周26.2〜27.2cm、重さ136〜146g）、ハンドボール2号（外周54〜56cm、重さ325〜400g）、巻尺、平坦な地面上に直径2mの円を描き、円の中心から投球方向に向かって、中心角30°になるように直線を2本引き、その間に同心円弧を1m間隔に描く作業を行う

105

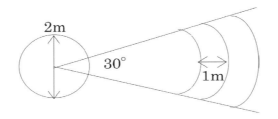

図1．ボール投げの準備

4）測定方法

・投球は地面に描かれた円内から行う
・投球中または投球後、円を踏んだり、越えたりして円外に出てはならない
・投球後は、静止してから円外に出る

5）記録方法

・ボールが落下した地点までの距離を、あらかじめ1m間隔に描かれた円弧によって計測する
・記録はメートル単位とし、メートル未満は切り捨てる
・2回実施して良い方の記録をとる

6）実施上の注意点

・投球のフォームは自由であるが、できるだけ「下手投げ」をしない方がよい。また、ステップして投げた方がよい
・30°に開いた2本の直線の外側に石灰などを使って、5mおきにその距離を表す数字を地面に書いておくと便利である

7）ボール投げについて

　ボール投げは、ボールを遠くに投げる能力を測定するための種目で、投球の力や技術を評価する。ボール投げの基本的なポイントとして、以下が挙げられる。
　1．体重移動：投げる際には、体重を後ろの足から前の足に移動させることが重要
　2．腕の振り：腕を大きく振ることで、ボールに勢いをつけることができる

3．手首のスナップ：手首を効かせることで、ボールをより遠くに投げることができる
4．投げる角度：ボールを斜め45度の角度で投げると、最も遠くに飛びやすい

引用：zeroone.fun

引用：hatenablog.com

8）観察評価のポイント

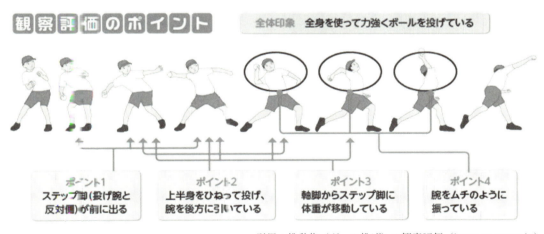

引用：投動作（ボール投げ）の観察評価（japan-sports.or.jp）

8．50m走

1）定義

- 50m走は、学校において授業や体力テスト等にも実施される種目である
- 運動会や体育祭の行事では、50m以外の距離で短距離走を行ったり、曲走路を用いてカーブで走ったり、多様な用途がある
- 50m走は新体力テストの6－19歳の項目である

2）50m走の年齢変化

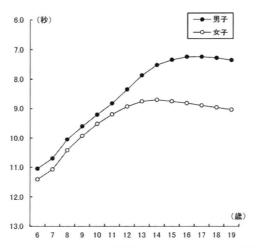

引用：文部科学省（平成26年度体力・運動能力調査結果の概要及び報告書について）

3）測定方法（準備するもの）

- ストップウォッチ、マット、50m直走路、スタート合図用旗や笛を用意する
- スタートは、クラウチングスタート（小学生はスタンディングスタート）の要領で行う
- スタートの合図は、「位置について」「用意」の後、音または声を発すると同時に旗を下から上へ振り上げることによって行う

図1．測定方法（スタート）

4）記録方法

- スタートの合図からゴールライン上に胴（頭、肩、手、足ではない）が到達するまでに要した時間を計測する
- 記録は1/10秒単位とし、1/10秒未満は切り上げる（ストップウォッチが9.58秒の場合、9.6秒となる）
- 実施は二回とする

5）実施上の注意点

- 走路は、セパレートの直走路とし、曲走路や折り返し走路は使わない
- 走者は、スパイクやスターティングブロックなどを使用しない
- ゴールライン前方5mのラインまで走らせるようにする

6）観察評価のポイント

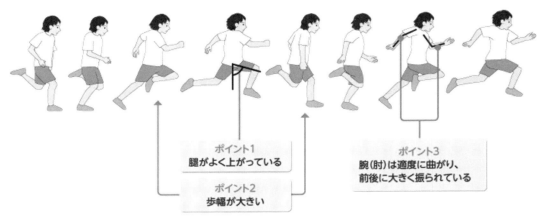

引用：走動作（50m走）の観察評価（japan-sports.or.jp）

7）50m走のコツ

1．スタートダッシュの強化
　スタートダッシュは短距離走で非常に重要。クラウチングスタートの姿勢を練習し、前足で地面を強く蹴ることで、素早く加速することができる。
2．フォームの改善
　正しいランニングフォームを維持することが重要。前傾姿勢を保ち、腕をしっかり振ることで、効率的にスピードを出すことができる。
3．筋力トレーニング
　脚の筋力を強化するために、スクワットやランジなどの筋力トレーニングを取り入れる。これにより、スタートダッシュやスピードの維持が向上する。
4．インターバルトレーニング
　短い距離を全力で走り、その後に休息を取るインターバルトレーニングを行うことで、持久力とスピードを同時に鍛えることができる。
5．スピードドリル
　ハイニー（膝を高く上げるランニング）やバットキック（かかとをお尻に近づけるランニング）などのスピードドリルを行うことで、脚の回転速度を上げることができる。

引用：スポズバ（spozuba.com）

9. 20mシャトルラン

1）定義

- 全身持久性体力（心肺持久力）とは、強度を一定状態に保って運動させたときのパフォーマンス（仕事量）から評価される
- 最大酸素摂取量（VO_2max：単位時間当たりの酸素摂取量）、肺の換気量、血液の酸素運搬能力、毛細血管の発達の程度、心拍出量、骨格筋における酸素利用能である
- 20mシャトルランは、行動体力における行動を維持する力（全身持久力）に該当する

2）20mシャトルランの年齢変化

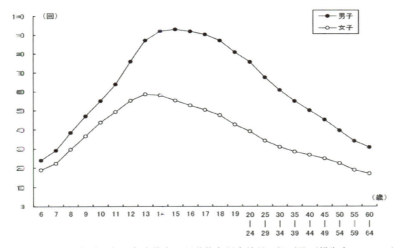

引用：文部科学省（平成26年度体力・運動能力調査結果の概要及び報告書について）

3）測定方法

- プレーヤーによりCDを再生する
- 実施者は一方の線上に立ち、テストの開始を告げる5秒間のカウントダウンの後の電子音によりスタートする
- 一定の間隔で1音ずつ電子音が鳴る。電子音が次に鳴るまでに20m先の線に達し、足が線を越えるか触れたら、その場で向きを変える。この動作を繰り返す。電子音の前に線に達してしまった場合は向きを変え、次の電子音が鳴った後に走り始める
- CDによって設定された電子音の間隔は、初めはゆっくりであるが、約1分ごとに電

子音の間隔は短くなる。すなわち、走速度は約1分ごとに速くなるので、できる限り電子音の間隔についていくようにする
- CDによって設定された速度を維持できなくなり走るのをやめたとき、または、2回続けてどちらかの足で線に触れることができなくなったとき、テストを終了する。なお、電子音からの遅れが1回の場合、次の電子音に間に合い、遅れを解消できれば、テストを継続することができる

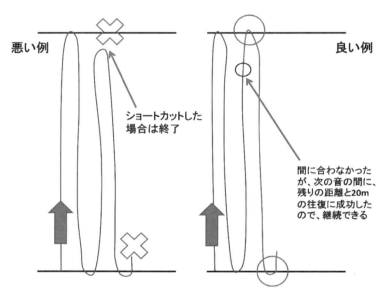

図1．測定方法（良い例と悪い例）

4）記録方法

- テスト終了時（電子音についていけなくなった直前）の折り返しの総回数を記録とする。ただし、2回続けてどちらかの足で線に触れることができなかったときは、最後に触れることができた折り返しの総回数を記録とする
- 折り返しの総回数から最大酸素摂取量を推定する場合は、参考「20mシャトルラン（往復持久走）最大酸素摂取量推定表（P.32）」を参照すること

20mシャトルラン（往復持久走）　記録用紙

レベル1	1	2	3	4	5	6	7								
レベル2	8	9	10	11	12	13	14	15						
レベル3	16	17	18	19	20	21	22	23						
レベル4	24	25	26	27	28	29	30	31	32					
レベル5	33	34	35	36	37	38	39	40	41					
レベル6	42	43	44	45	46	47	48	49	50	51				
レベル7	52	53	54	55	56	57	58	59	60	61				
レベル8	62	63	64	65	66	67	68	69	70	71	72			
レベル9	73	74	75	76	77	78	79	80	81	82	83			
レベル10	84	85	86	87	88	89	90	91	92	93	94			

レベル	折り返し回数
レベル14	132

折り返すごとに，\線を入れる。

レベル11	95	96	97	98	99	100	101	102	103	104	105	106			
レベル12	107	108	109	110	111	112	113	114	115	116	117	118			
レベル13	119	120	121	122	123	124	125	126	127	128	129	130	131		
レベル14	132	133	134	135	136	137	138	139	140	141	142	143	144		
レベル15	145	146	147	148	149	150	151	152	153	154	155	156	157		
レベル16	158	159	160	161	162	163	164	165	166	167	168	169	170	171	
レベル17	172	173	174	175	176	177	178	179	180	181	182	183	184	185	
レベル18	186	187	188	189	190	191	192	193	194	195	196	197	198	199	200
レベル19	201	202	203	204	205	206	207	208	209	210	211	212	213	214	215
レベル20	216	217	218	219	220	221	222	223	224	225	226	227	228	229	230
レベル21	232	233	234	235	236	237	238	239	240	241	242	243	244	245	246

図2．記録用紙

5）実施上の注意点

・ランニングスピードのコントロールに十分注意し、電子音の鳴る時には、必ずどちらかの線上にいるようにする。CDによって設定された速度で走り続けるようにし、走り続けることができなくなった場合は、自発的に退くことを指導しておく

・テスト実施前のウォーミングアップでは、足首、アキレス腱、膝などの柔軟運動（ストレッチングなどを含む）を十分に行う

・テスト終了後は、ゆっくりとした運動等によるクーリングダウンをする

・実施者に対し、最初のランニングスピードがどの程度か知らせる

・CDプレーヤー使用時は、音がとんでしまうおそれがあるので、走行場所から離して置く

・実施者の健康状態に十分注意し、疾病及び傷害の有無を確かめ、医師の治療を受けている者や実施が困難と認められる者については、このテストを実施しない

6）20mシャトルランとは

20mシャトルランは、体力測定の一環として行われる有酸素運動能力テスト。このテス

トでは、20m間隔で引かれた2本の線の間を往復し、電子音の合図に合わせて走る。音の間隔は徐々に短くなり、参加者はそのペースに合わせて走り続ける。

　このテストの目的は、主に有酸素運動能力と最大酸素摂取量を測定すること。学校の体育授業や体力測定の場で広く実施されており、文部科学省が定める「新体力テスト」の一部として行われている。

引用：【新体力テスト】20mシャトルランとは？comottoコラム

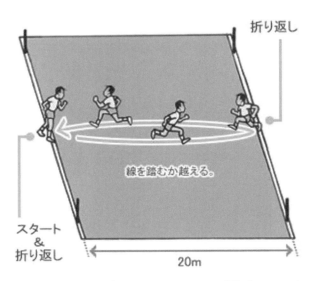

引用：バスケ選手のためのトレーニング理論（ameblo.jp）

7）スコアを改善する方法

1．ウォーミングアップ
　テスト前にしっかりと動的ストレッチを行い、体を温める。特に足首、膝、腰などを重点的にストレッチすることが重要。

2．ペース配分
　最初はゆっくりとしたペースで始まるので、合図音に合わせて無理なく走る。合図音が速くなるにつれてペースを上げていくことが大切。

3．ターンの技術
　ターンする際には減速し、スムーズに方向転換できるようにする。ターン前にスピードを落とすことで、足や体力への負担を軽減できる。

4．呼吸法
　長距離走と同様に、一定のリズムで呼吸をすることが重要。例えば、「2回吸って1回

吐く」など、自分に合った呼吸パターンを見つけて意識する。

5．トレーニング

　タバタプロトニル（20秒全力で運動し、10秒休むを8セット繰り返す）や、10mダッシュと10mジョグを交互に行うトレーニングなどが効果的。

引用　体力テスト・スポーツテスト対策室（xn--zckzah7832a9od.com）

第3章　体力について

1．体力とは

体力には、身体能力の行動体力と身体の健康を維持する防衛体力の2つがある。

行動体力とは、主に運動に関する体力と考えられる。

・行動を起こす力（筋力・瞬発力）

・行動を調整する力（平衡性・敏捷性・巧緻性・柔軟性）

・行動を維持する力（筋持久力・全身持久力）

新体力テストなどで測定を行い、ヒトが体力として称しているのは、この行動体力である。

防衛体力とは．主に免疫力などを示す力であり、抵抗力として考えられる。

・温度や圧力などの物理的ストレス

・食品添加物やCO_2などの科学的ストレス

・花粉やウィルスなどの生物的ストレス

・恐怖や不安などの精神的ストレス

日常生活における様々なストレスから身体を守り怪我や障害などへの自己調整能力である。

表1．行動体力および防衛体力

体力	行動体力	行動を起こす力	(筋力・瞬発力)…筋機能
		行動を調整する力	(平衡性・敏捷性・巧緻性)…神経・筋機能 (柔軟性)…関節機能
		行動を維持する力	(筋持久力)…筋機能 (全身持久力)…呼吸循環機能・内分泌機能
	防衛体力	物理的ストレスの抵抗力	熱・寒・圧力など
		科学的ストレスの抵抗力	食品添加物・重金属・CO_2・化学スモッグなど
		生物的ストレスの抵抗力	細菌・ウイルス・花粉など
		精神的ストレスの抵抗力	恐怖・不安・心配事など

２．健康とは

WHO（世界保健機関）のWHO憲章の一節に、以下の文章がある。

Health is a state of complete physical, mental and social well-being and not merely the absence of disease or infirmity.

（健康とは、病気でないとか、弱っているということではなく、肉体的にも、精神的にも、そして社会的にも、すべてが満たされている状態にあることをいう）

日本WHO協会訳

健康とは、Physical、Mental、Socialの全てが満たされている状態を保つことが重要である。健康という状態を保つことは難しく、病気や弱っていることよりも、上記の３つが健康であり続けるための努力が必要となってくる。

３．健康日本21

健康日本21とは、21世紀における国民健康づくり運動のことであり、2000年から始まり10年間を予定して行われ、現在では第二次（2013年５月〜）が行われている。

生活習慣病やその原因となる生活習慣の見直しを国民が自ら行っていくことを推進している。

４．健康増進法

この対策の中で大きな効果をもたらしたのは健康増進法（2002年）である。公共施設での禁煙・分煙が現在では当たり前となってきている。これに伴い、禁煙者の人口も増加した。

一方で、国民の歩行数は、10年間で約1500歩程度減少してしまっていた。現在、スマートライフプロジェクトの中で、プラス10分の運動（歩行）することを推奨している。

５．健康寿命

健康日本21で最も重要視している項目は、「健康寿命の延伸」である。

健康寿命とは、平均寿命から介護を要する期間を差し引いたものである。自立して生活できる寿命である。

	男性	女性
平均寿命	81.05歳	87.09歳
健康寿命	72.68歳	75.38歳

図1．平均寿命と健康寿命

厚生労働省（2024年HP）より

6．健康日本21（第二次）

2012年まで行われた第一次の反省から現在では第二次が行われている。
その中で、達成目標として、
COPD（慢性閉塞性肺疾患）、ロコモティブシンドローム、フレイル、サルコペニア
といった言葉を周知していくことが挙げられている。

7．COPDとは

COPD（慢性閉塞性肺疾患）は息切れと、長く続く咳と痰を特徴とする病気です。ほとんどの場合、タバコが原因で、その害が長年に蓄積して起こる病気のため、中年以降に症状が出てきます。

慢性気管支炎、あるいは肺気腫という病気をまとめてCOPDとして取り扱うようになっています。英語病名であるChronic Obstructive Pulmonary Diseaseの頭文字 COPD を病名としています。

肺は気管、気管支と肺胞からできています。タバコに含まれる有害物質はそのいずれの部分も破壊し肺の働きを低下させます。

息切れ

坂道や階段を昇るときなど普段より体を使うときに息切れを感じ、病気が進行すると安静にしていても息切れを感じるようになります。

咳と痰

咳と痰は長く続きます。いずれもCCPDの時にだけにみられる症状ではないため、「風邪をひいた」や「加齢」と見過ごされがちです。したがって長期の喫煙があって、このような症状が長く続く場合は専門医に相談する。

禁煙	各種ワクチン
薬物療法 ・長時間作用型抗コリン薬 ・長時間作用型ベータ２刺激薬 ・徐放性テオフィリン薬 ・副腎皮質ホルモン（ステロイド）	リハビリテーション 栄養 酸素療法

図２．COPDの治療法

引用：独立行政法人国立病院機構

８．ロコモティブシンドローム

　筋肉や骨、関節、軟骨、椎間板といった運動器の障害によって移動能力が低下した状態。運動器症候群とも呼ぶ。高齢化の進む日本社会では、介護が必要となる最も多い原因がロコモティブシンドロームであり、社会問題となっている。

　代表的な症状としては、階段が自力で登り切れない、買い物袋を持ち帰れない、15分以上続けて歩けない、横断歩道を青信号のうちに渡り切れない、家の中でしばしばつまずいてしまう、などが挙げられる。

　ロコモティブシンドロームの診断は、問診や身体診察で行うが、必要に応じて運動器の画像検査を行い、運動器障害の原因をより詳しく調べる。治療に関しては、運動器の病気があれば治療とリハビリテーションが重要となる。

・身体を支える筋肉、骨、軟骨、関節、椎間板などの組織に障害が起き、要介護状態、または要介護状態になる危険性が高い状態
・歩くことや立ち座りなど日常生活を円滑に送れなくなる
・加齢や関節の病気、骨粗鬆症などが原因で起こる
・要介護の1/3は、運動器（関節や筋肉など）の障害が原因
・栄養状態や生活習慣なども原因になる
・日本整形外科学会が提唱している概念で、現時点では世界的な認知度は高くない

身体機能の検査	日常生活で困難な動作の聴取、検査
・筋力	・歩く
・関節の可動性	・立ち座り
・痛みの有無や範囲	・階段昇降
・バランス機能	・身の回りの動作（トイレ、入浴など）
・心肺機能	・家事全般（掃除、食事など）

図３．ロコモティブシンドロームの診断

第3章　体力について

・高齢化の進む日本社会を見据えて、2007年に新しく提唱された病気

ロコモティブシンドロームの治療には以下のような方法が挙げられる。

・運動習慣、食事習慣など、生活習慣の指導を行う（予防も含む）

・関節が硬くならないためにストレッチや体操を行う

・バランスの良い栄養管理を行う

・骨粗鬆症や変形性関節症といった根本の病気に対して薬を処方することもある

・地域や病院によっては、ロコモティブシンドロームの予防体操や健康診断を行っているところもある。

引用：ロコモティブシンドローム　MEDLEY（メドレー）

9．フレイル

　フレイルとに「健康」と「要介護」の中間にある状態のこと。

　高齢者の多くは急に要介護状態になるのではなく、徐々に身体的機能や認知機能が低下すると考えられている。その過程にある段階を「フレイル」と呼ぶ。

　フレイルは「Frailty（虚弱）」を日本語に訳したもので、医療や介護という枠を超えた新たな概念として日本老年医学会が2014年に提唱。

　「フレイル」は、適切な治療や予防によって改善できる。介護が必要になる前に変化に気づき、対策を講じることが大切。

　フレイルの原因にはいくつかの要素が考えられる。

　1つ目…身体的要素。「筋力の低下」「栄養素の不足」「運動器の障害」などが該当。

　2つ目…精神・心理的要素。「認知症」や「うつ」などの進行によって意欲が低下したり人との交流が減少したりすることも、フレイルを悪化させると考えられる。

　3つ目…「独言」や「閉じこもり」などの社会的要素。孤独になることで精神的にも悪影響があるほか、認知機能の低下や運動機会の減少を招く。

　フレイルの進行には「身体的要素」「精神・心理的要素」「社会的要素」が互いに影響し合うことが深く関係している。要素による悪循環が「フレイルサイクル」と呼ばれる。

　たとえば、加齢によって筋肉量が減少すると基礎代謝が低下するため、エネルギー消費量も低下する。すると食事の量も減って低栄養状態となり、結果的にさらに筋肉量が減少する。

引用：フレイルとは【介護のほんね】（kaigonohonne.com）

10. サルコペニア

主に加齢によって起こる全身の筋肉量減少と、それに伴う筋力低下、身体機能の低下のことを指す。診断、治療を行うべき1つの病気として国際的にも認識されており、老年医学やリハの分野において注目を集めている。

サルコペニアが進行すると、寝たきり、嚥下障害の悪化、人工呼吸器から離脱できないといった状態に陥る。重症化して要介護状態になると改善が容易ではなくなるため、予防と早期の治療が重要。

サルコペニアの原因には以下の要素が挙げられる。

・加齢

年齢を重ねると、筋肉となるたんぱく質（骨格筋たんぱく質）が体内で合成されにくくなると同時に分解されやすくなる。そのため、40歳を過ぎると、全身の筋肉量は年に1％ほど減少するといわれている。

・低活動

低活動とは、体を使わないことを指す。たとえば、入院中の患者さんがベッドで安静に過ごすと、1日に0.5％ほどの筋肉量が落ちるとされている。筋肉は、使わないことで萎縮する。

・低栄養

栄養摂取量が必要量に達していなかったり、経管栄養（消化管内にチューブを入れて栄養剤を注入する管理方法）や点滴でたんぱく質の摂取量が足りなかったりすると、低栄養に陥る。たとえば、1日2000kcalを必要とする方が1000kcalしか摂らず、栄養摂取量が不足すると、筋肉量は少しずつ低下する。なお、エネルギーが足りない場合には、筋肉よりも主に脂肪が減っていく。

・疾患

サルコペニアの原因となる病気には、大きく分けて3つの種類がある。

1．神経筋疾患

　　筋ジストロフィーや皮膚筋炎（多発性筋炎）など。

2．感染症や外傷などによる急性炎症と侵襲（身体的なダメージ）

　　集中治療室にいる患者などの場合は、1日に1kgほど筋肉量が落ちるケースもある。

3．悪液質

　　がんや慢性の臓器不全に伴う悪液質によるもの。悪液質とは、何らかの病気に伴う慢性炎症によって起こる脂肪組織と骨格筋の両方が消耗する病態。

第3章　体力について

・医原性

1. 薬剤関連

治療薬の副作用で筋肉量が落ちる場合がある。患者さんが高齢であれば、薬剤による副作用が単体でサルコペニアを引き起こすというより、いくつかの事象が発生し、複合的な原因によってサルコペニアが起こると考えられる。

2. 入院関連

動くことができるにもかかわらず安静にしすぎたり、食べることができるにもかかわらず禁食で過ごしたりすることがサルコペニアの原因になる。また、医師や看護師による不適切な栄養管理、たとえば低カロリーの点滴だけで一定の期間入院することで、サルコペニアに陥るといった例も医原性といえる。

引用：サルコペニアとは？　メディカルノート（medicalnote.jp）

11．メタボリックシンドローム

日本人の死医の第2位は心臓病、第4位は脳卒中。この2つの病気は、いずれも動脈硬化が原因となって起こることが多くなっている。

動脈硬化を起こしやすくする要因としては、高血圧・喫煙・糖尿病・脂質異常症・肥満などがある。これらの危険因子はそれぞれ単独でも動脈硬化を進行させるが、危険因子が重なれば、それぞれの程度が低くても動脈硬化が進行し、心臓病や脳卒中の危険が高まることがわかっている。

1999年に世界保健機関（WHO）は、このような動脈硬化の危険因子が組み合わさった病態をインスリン抵抗性の観点から整理し、メタボリックシンドロームの概念と診断基準を提唱している。

その後、さまざまな機関がそれぞれの診断基準を提唱したため、メタボリックシンドロームの考え方にはいろいろなものがある。また国によっても異なる。大きく分けて、危険因子の重複を基盤にする考え方と、インスリン抵抗性や内臓脂肪を基盤とした考え方とがある。世界的には危険因子の重複を基盤にする考え方が主流となっているが、日本では、内臓脂肪を基盤とした考え方を採用している。

肥満のうちでも、内臓に脂肪がたまり腹囲が大きくなる「内臓脂肪型肥満（内臓肥満）」が、高血圧や糖尿病、脂質異常症などをひきおこしやすくし、高血圧や糖尿病、脂質異常症が重複し、その数が多くなるほど、動脈硬化を進行させる危険が高まるという考え方。

日本では「特定健康診査・特定保健指導」の制度の中で、「メタボ健診」などと呼ばれることもあるが、メタボリックシンドロームだけを見つけるために行っているわけではな

123

く、広く動脈硬化を予防するための検査が含まれる。なお、メタボリックシンドロームの診断基準と特定保健指導の基準とは少し異なる。

　メタボリックシンドロームの用語は、メディアなどで俗に「メタボ」と省略されて使われることもあり、2000年代後半ごろより生活のなかでも耳にすることが多くなってきた。

　しかしながら、上記のような正しい意味で用いられず、単に太っていることや、腹囲が大きいという意味で誤用されていることもよくあり、正しい意味を理解することが大切。

・腹囲：男性85cm以上、女性90cm以上
　　　男女ともに、腹部CTの内臓脂肪面積が100cm^{2}以上に相当
　　　腹囲に加えて、以下の3つ（脂質異常、高血圧、高血糖）のうち2つ以上を満たす場合に診断される

・脂質異常症
　・中性脂肪：150mg/dL以上
　・HDLコレステロール：40mg/dL未満
　・上記のいずれかまたは両方を満たす
・高血圧
　・最高血圧（収縮期血圧）：130mmHg以上
　・最低血圧（拡張期血圧）：85mmHg以上
　・上記のいずれかまたは両方を満たす
・高血糖
　・空腹時血糖値：110mg/dL以上

図4．メタボリックシンドロームの診断基準

引用：メタボリックシンドローム　MEDLEY（メドレー）

第4章　心拍数

1．定義

　安静時心拍数は、成人男性で約65～75拍／分、成人女性で約70～80拍／分といわれている。運動習慣のある人では、一般的に低値をとるといわれ、毎日ジョギングなどをしている人では50拍／分以下の人もいる。また、マラソン選手などでは、40拍／分以下の人もいる。運動中の心拍数は、運動強度に比例するので運動強度の指標として用いられる（図1）。ただし、心拍数が比較的低いところでは情緒的興奮や精神緊張の影響が相対的に強く影響されるため比例関係にない。また、最大心拍数に近いところでも比例関係からはずれる傾向にある。心拍数が120～170拍／分の範囲であれば心拍数と運動強度は比例関係にあると考えられている。

　運動開始前に心拍数を測定することにより、運動による事故を未然に防ぐことができる。心拍数を測る意義として、一般的に安静時心拍数が100拍／分以上の時、または不整脈が認められる時は、運動の参加を控えたほうが良い。

　個人の適正な運動強度を知り、指導することができる。運動中の心拍数を測定することにより、オーバーワークにならないようにして安全を確認できる。

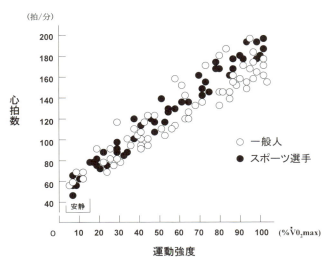

図1．運動強度と心拍数

(宮下充正：トレーニングの科学的基礎．ブックハウスHD、p59、1993より改変)

2．心拍数の測定方法

　心拍数の測定は、頸部（頸動脈）、手首の親指側（動脈）、胸壁の心臓部の3か所のいずれかで触診する。10秒間の心拍数を測定し、それを6倍する。実際の1分間値よりもやや低めになる。

図2．心拍数の測定方法
引用：健康やまぐちサポートステーション／心拍数の計り方（yamaguchi.lg.jp）

3．最大心拍数

$$最大心拍数 = 220 - 年齢$$

$$最高心拍数の相対値（\%HRmax）= \frac{運動時心拍数}{最高心拍数} \times 100$$

$$\boxed{目標心拍数 = 最大心拍数 \times 運動強度（\%）= 運動時心拍数}$$

4．心拍予備

$$心拍予備の相対値（\%HRreserve）= \frac{運動時 - 安静時}{最高 - 安静時} \times 100$$

$$\boxed{目標心拍数 = 運動強度（\%）\times（最大心拍数 - 安静時）+ 安静時}$$

5．姿勢による心拍変動

表1．姿勢変化における心拍変動

	立位	椅座位	背臥位
non	72.6±10.9	67.0±10.7 **	61.1±9.4 **,##
サッカー	69.3±7.2	64.0±9.1 **	58.1±8.8 **,##
陸上	66.9±9.6	57.3±7.0 **	55.1±8.4 **
野球	70.8±8.8	64.5±7.4 **	59.1±8.6 **,##
ラグビー	69.2±10.8	61.6±11.8 **	60.9±11.0 **
バレー	72.6±12.9	67.3±8.8 *	61.4±6.7 **,##
卓球	74.8±6.1	63.0±6.6 **	61.4±6.1 **,##
バスケ	73.0±16.7	66.4±16.5 *	62.1±15.1 **,#
野外活動	67.3±8.7	59.9±5.0 *	51.7±4.5 **,#
球技総合	70.3±10.3	63.8±9.6 **	58.9±9.0 **,##
全体	70.2±10.3	63.6±9.9 **	58.4±9.0 **,##

（＊立位VS椅座位、＊＊立位VS背臥位、＃＃椅座位VS背臥位）
（＊；0.05、＊＊；0.01、＃；0.05、＃＃；0.01）

6．浮力の効果と筋活動

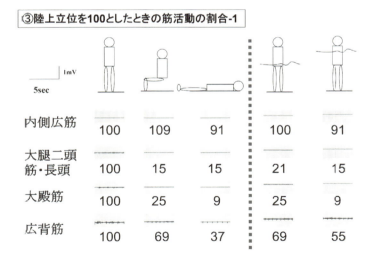

図3．浮力の効果と筋活動

引用：須藤明治：デサントスポーツ、Vol22、2001

7．姿勢と血圧

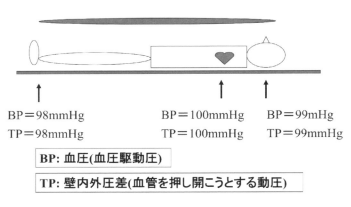

図4．姿勢と血圧

8．水圧の効果

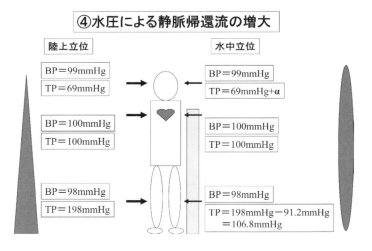

図5．水圧の効果

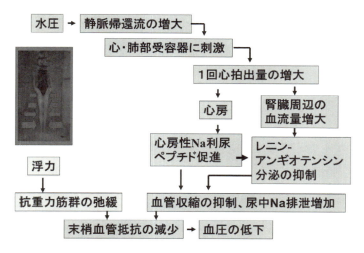

図6．血圧低下の背景

9．心臓中枢

- 心臓は自動的に拍動能力をもつが、心臓神経（交感神経と副交感神経）によって調節されている。心臓神経の中枢（心臓中枢）は延髄にある。
- 心臓中枢は、身体各部からの情報を感知するとその情報に応じてただちに心臓を調節する。これを心臓反射という。
- 心臓反射には、ベーンブリッジ反射、大動脈神経反射、頸動脈小体反射、眼心反射などがある。
- 心臓中枢は高位中枢からの影響も受けている。

　心臓中枢は、身体の各部分から送られて来る情報を受け取り体内の状況を感知する。すると状況に応じてただちに（反射的に）それに対応するように心臓神経を介して心臓調節を行う。それを心臓反射という。

引用：心臓の神経支配と心臓反射｜循環｜看護roo！［カンゴルー］（kango-roo.com）

10．眼球圧迫作用

眼心反射（眼球心臓反射またはアシュネル反射）

- 眼球を強く圧迫すると心拍数が減少する。これを眼心反射（眼球心臓反射またはアシュネル反射 Aschner's reflex）という。これは三叉神経第1枝（眼神経）から三叉神経、迷走神経中枢を介して心臓を抑制することによると考えられている。

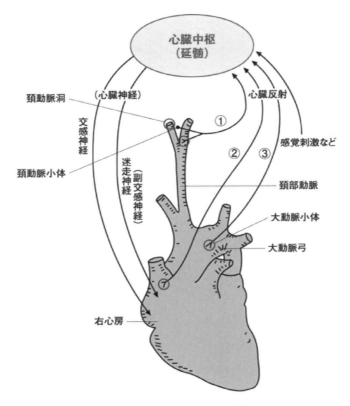

図7．心臓中枢と心臓反射

引用：心臓の神経支配と心臓反射｜循環｜看護roo！［カンゴルー］（kango-roo.com）

第5章　血圧

1．定義

　安静時の血圧値は、加齢とともに徐々に高くなる。定期的な運動が血圧を低下させることは数多くのデータから知られている。運動には、血管を弛める効果と老化に伴う動脈の弾力性の低下を防ぐ作用があり、血管の拡張性を保持ないしは高め、血圧を正常に保つといわれている。運動中の血圧は、運動強度に比例して収縮期血圧は上昇する。これに対して拡張期血圧はあまり変化しないことが知られている。特に、血圧は血液が血管壁に及ぼす圧のことで、体の末端まで血液を送り、酸素や栄養分を送るために必要とされている。運動前の収縮期血圧が160mmHg、拡張期血圧が95mmHg以上の時は、運動の参加を控えたほうがよいとされている。また、運動負荷試験では、重症高血圧（収縮期＞200mmHg、拡張期＞110mmHgのいずれかを満たす）者は禁忌とされている。運動負荷試験の中止基準としては、運動強度の増加にかかわらず収縮期血圧が直前の測定値より10mmHg以上低下する場合は中止とされている（表1）。

表1．日本高血圧学会（2019年）

A．成人における血圧値の分類

分類	診察室血圧 （mmHg）		家庭血圧 （mmHg）	
	収縮期血圧	拡張期血圧	収縮期血圧	拡張期血圧
正常血圧	＜120　　かつ	＜80	＜115　　かつ	＜75
正常高値血圧	120-129　かつ	＜80	115-124　かつ	＜75
高値血圧	130-139 かつ/または	80-89	125-134 かつ/または	75-84
Ⅰ度高血圧	140-159 かつ/または	90-99	135-144 かつ/または	85-89
Ⅱ度高血圧	160-179 かつ/または	100-109	145-159 かつ/または	90-99
Ⅲ度高血圧	≧180　かつ/または	≧110	≧160　かつ/または	≧100
（孤立性）収縮期高血圧	≧140　　かつ	＜90	≧135　　かつ	＜85

引用：高血圧治療ガイドライン・エッセンス ‖ 循環器病の治療に関するガイドライン・エッセンス｜循環器最新情報｜日本心臓財団の活動｜公益財団法人 日本心臓財団

2．測定方法

血圧の測定は、ゴム嚢を布で覆った圧迫帯を上腕部に巻き、上腕動脈に聴診器を置いて、ゴム嚢に吸気を送り内圧を高め、水銀計で読み取る。ゴム嚢の内圧を上げてから、徐々に下げていき、血管音（コロトコフ音）が聞こえ始める時が収縮期血圧値である。さらに、内圧を下げて急に音が小さくなり聞こえなくなる時が拡張期血圧となる。

図1．血圧測定

3．体循環と肺循環

全身を巡ってきた静脈血は、右心室から肺動脈に流れ込み、2方向に分かれて肺門から左右の肺に流入する。肺で二酸化炭素を体外に排出し、酸素を受け取ると、動脈血へと生まれ変わる。この酸素を豊富に含んだ動脈血は、肺静脈に入り、左心房に注ぎ込まれる。

このように右心室→肺動脈→肺→肺静脈→左心房という経路で行われる循環を肺循環という。

一方、左心室→大動脈→全身の器官・組織→上大静脈・下大静脈→右心房という経路で全身を巡っているのが体循環。左心室から出た大動脈は何本もの動脈枝を出し、その動脈枝がさらに枝分かれして全身に血液を送る。

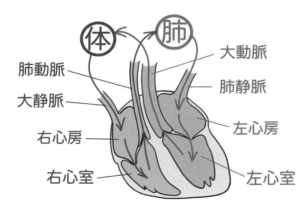

図2．体循環と肺循環
引用：血液を勉強しよう　Part2（tfk-health.com）

4．心筋症

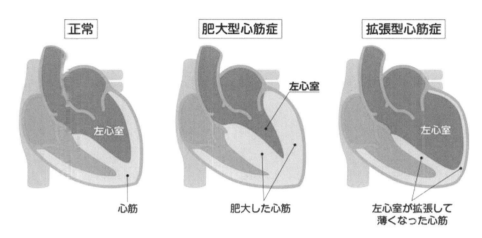

図3．心筋症

引用：心筋症｜疾患別解説｜心臓病の知識｜公益財団法人 日本心臓財団（jhf.or.jp）

5．姿勢変化による血圧変動

表2．姿勢変化における収縮期血圧変動（須藤、2008）

	立位	椅座位	背臥位
Non	125.2±12.8	121.6±10.3 **	114.3±11.6 **,##
サッカー	122.4±12.8	114.8±12.6 **	111.8±10.3 **
陸上	120.8±9.5	119.3±8.5	109.5±8.3 **,##
野球	124.6±11.2	119.1±9.7 *	114.5±9.7 **
ラグビー	124.9±12.0	120.2±8.9 *	110.7±9.3 **,##
バレー	122.9±13.1	116.6±11.7 *	110.6±11.8 **,##
卓球	125.7±13.7	117.7±6.6 *	109.8±9.2 **,#
バスケ	130.3±13.7	127.6±12.5	119.3±13.2 *,#
野外活動	123.9±8.5	118.4±7.2 *	108.7±8.4 **,##
球技総合	125.2±13.4	118.4±11.6 **	112.7±10.6 **,##
全体	124.4±13.6	119.4±11.0 **	112.2±10.5 **,##

（＊立位VS椅座位、＊＊立位VS背臥位、＃＃椅座位VS背臥位）
（＊；0.05、＊＊；0.01、＃；0.05、＃＃；0.01）

表3. 姿勢変化における拡張期血圧変動（須藤、2008）

	立位	椅座位	背臥位
Non	71.3±8.5	70.5±8.7 **	62.5±7.9 **,##
サッカー	68.0±7.8	63.8±8.9 *	60.6±5.5 **,#
陸上	71.3±8.9	67.5±10.2 *	58.9±7.3 **,##
野球	72.8±5.5	67.3±7.4 **	61.4±6.3 **,#
ラグビー	71.7±5.6	63.9±6.9 **	56.8±5.5 **,##
バレー	67.8±10.9	64.1±10.0	57.7±9.2 *,##
卓球	69.1±8.3	64.9±6.1 *	55.8±5.2 **,##
バスケ	72.1±9.9	67.1±8.7	62.6±7.2 **
野外活動	72.7±10.2	70.7±8.0	62.4±4.5 **,#
球技総合	70.4±8.1	65.0±7.7 **	59.5±6.4 **,##
全体	71.1±8.8	67.0±8.6 **	60.1±6.9 **,##

（＊立位VS椅座位、＊＊立位VS背臥位、＃＃椅座位VS背臥位）

（＊：0.05、＊＊：0.01、＃：0.05、＃＃：0.01）

６．高血圧の改善

食生活の改善

・減塩：塩分の摂取を１日６ｇ未満に抑えることが推奨。

・野菜や果物の積極的な摂取：カリウムが豊富な食品は血圧を下げる効果。

・飽和脂肪酸やコレステロールの摂取を控える：健康的な脂肪を選ぶ。

適度な運動

有酸素運動：ウォーキングやジョギングなどの軽い運動を定期的に行うことが効果的。

体重管理

適正体重の維持：適正な体重を保つことで血圧のコントロールがしやすくなる。

ストレス管理

アルコール摂取の制限

禁煙

良質な睡眠の確保

引用：【医師が解説】すぐに血圧を下げるは方法はある？運動や食事などの改善ポイントを紹介−EPARKくすりの窓口コラム | ヘルスケア情報（kusurinomadoguchi.com）

運動療法は、血管内皮機能を改善して血圧を低下させるといわれている。

高血圧を予防・改善したい方には、ウォーキングやステップ運動、ジョギングなどの有酸素運動が推奨されている。

できるだけ毎日30分、もしくは1週間で計180分を目安に運動を継続する。

運動をする際の強度はややきついと感じる程度にとどめ、無理をしないことが重要。

既に高血圧を発症している方には運動中に血圧が上がり過ぎる危険があるため、きつい運動は推奨されない。運動をする際は必ず医師の判断を仰ぐ。

また有酸素運動に加えて筋トレやストレッチも推奨されているため、無理のない範囲で行うようにする。

運動の時間を取りにくい方は階段を使う、通勤時に一駅歩く、積極的に掃除や片付けを行うといった日常生活を通じて体を動かすことを意識する。

引用：特定非営利活動法人日本高血圧学会「高血圧の話」

7．心房性ナトリウム利尿ペプチド

心房性ナトリウム利尿ペプチドは、生理活性を持つアミノ酸28個からなるペプチドの1種であり、主に心房で生合成して貯蔵され、必要に応じて血液中に分泌され、ホルモンとして作用する。

心房性ナトリウム利尿ペプチドが血中に分泌されると、末梢血管を拡張させることによって血管抵抗を下げ、これによって心臓の負荷を軽減する。

また腎臓で、心房性ナトリウム利尿ペプチドは水分の排泄を促進させる方向の作用（利尿作用）を持ち、これによって体液量を減らして心臓の負荷を下げる。

8．レニン－アンギオテンシン

レニン－アンジオテンシン－アルドステロン（RAA）系は、血圧や体液量、そして血清電解質の調節において重要な役割を果たす内分泌系の調節機構。

レニンの分泌

血中のナトリウム（Na）濃度の変化や体液量の減少、カテコラミン刺激に応じて、腎臓の傍糸球体細胞からレニンが分泌される。

アンジオテンシンの生成

レニンはアンジオテンシノーゲンをアンジオテンシンⅠに変換し、さらにアンジオテンシン変換酵素（ACE）によってアンジオテンシンⅡに変換される。

アルドステロンの分泌

アンジオテンシンⅡは副腎皮質からアルドステロンの分泌を促進し、これが腎臓でのナトリウムと水の再吸収を増加させ、血圧と体液量を上昇させる。

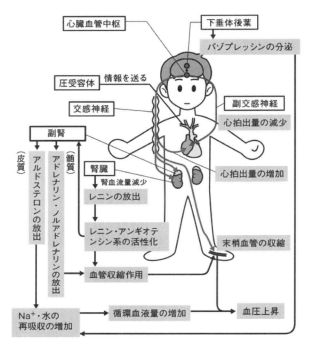

図4．レニン－アンジオテンシン－アルドステロンの作用

引用：病理学講義5）「高血圧について」～レニン－アンジオテンシン－アルドステロン系（ながっ！）ってなんだ？～｜のうと医療専門学校（note.com）

9．静脈圧迫作用

- 静脈は表在静脈と深部静脈の2つに分かれる。
- 静脈は、心臓に送り返す血液の量に応じて太さが変化できるように、中膜は薄く、やわらかくなっている。
- 深部静脈は、静脈血を心臓のほうへ送る重要な役割がある。
- 静脈には弁があり、血液が逆流するのを防いでいる。深部静脈を取り囲む筋肉は、静脈を圧迫して静脈内の血液を心臓のほうへ絞り出す手助けをしている。これを筋ポンプ作用と呼ぶ。

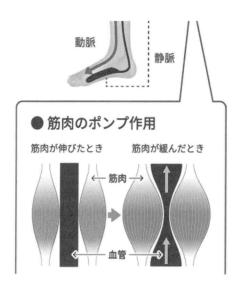

図5．筋ポンプ作用

引用：静脈疾患の理解に重要な筋ポンプ作用｜看護roo！［カンゴルー］（kango-roo.com）

10. ミルキングアクション

　ミルキングアクションとは血管に作用するふくらはぎの筋肉のポンプ作用。ふくらはぎを動かすとふくらはぎの筋肉は伸びて縮むを繰り返すが、これがふくはらぎ周辺を走っている血管への刺激となり、乳搾り（ミルキング）の要領で血行を良くする。

　ふくらはぎを含む下肢は身体の中で最も心臓から遠くに位置し、しかも流れてきた血液を重力に逆らって心臓まで押し戻さなければならないために血行不良をきたしやすい部位となっている。

　ふくらはぎを使って歩くだけでも比較的簡単にミルキングアクションの効果が期待でき、それによりふくらはぎの血流量が増加すれば遠隔部の血流にも強く影響し、全身の循環系を活性化させることができる。

　ふくらはぎの筋肉は心臓のポンプ作用を補助する器官なので、「第二の心臓」とも言われている。

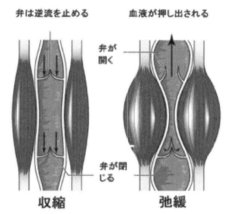

図6．ミルキングアクション

引用：第二の心臓、ふくらはぎで行われる「ミルキングアクション」とは？｜上野由理（mbp-japan.com）

第6章　発育発達

1．身長の発育

ヒトは、誕生から成人にいたる発育の過程において発育曲線は二重S字型を示し、その特徴から4期に分けることができる。

　Ⅰ期…胎児期から乳児期を経て幼児期の前半にかけて急激な発育を示す（第一発育急進期）

　Ⅱ期…比較的発育が穏やか時期

　Ⅲ期…男女で異なるが小学生高学年から中学生期にかけて再び急激な発育が起こる時期（第二発育急進期または思春期発育スパート期）

　Ⅳ期…その後の穏やかな発育から発育停止まで

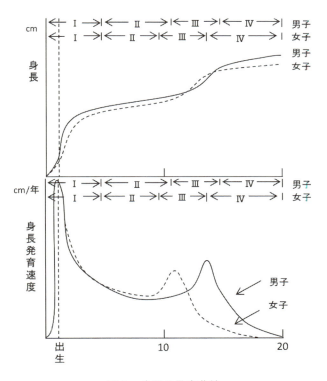

図1．身長の発育曲線

２．身長発育速度ピーク年齢

　思春期における身長の発育がもっとも盛んになる時期の年間発育量は、平均で男子約８cm、女子で約７cmである。

　身長発育がもっとも盛んとなる年齢は、身長発育速度ピーク年齢（PHV年齢：age at peak height velocity）と呼ばれる。平均的には女子が10歳、男子が12歳ごろであり、その出現は男子よりも女子が約２年早い。

　また、ヒトの身長は遺伝的な要因に影響されるといわれている。

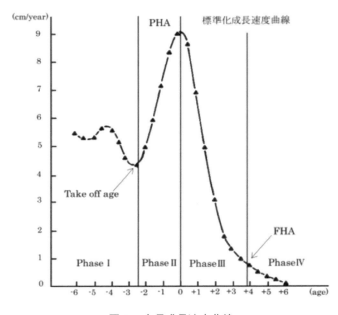

図２．身長成長速度曲線

３．骨格・体重の発育

　身長の発育には骨の成長が大きく関わっている。骨の成長に影響を与える後天的な要因には、栄養、生活様式、運動、睡眠などが挙げられる。

　運動は骨の成長に良いが、身長の急進期に過度な負担がかかる運動を繰り返すと、発育の抑制や軟骨組織に障害をきたす可能性がある。

　体重は、身長と類似した発育を示す。第二発育急進期の始まりは女子が男子よりも早く、個人差も大きい。

　また、男子で14歳前後、女子では12歳前後で体重分布の範囲が非常に大きくなる。

4．発育の類型（スキャモンの発育曲線）

スキャモンは臓器や器官の発達の様子を発育のパターンとして4種類に分類している。

一般型、生殖型、神経型、リンパ系型の4つに分類され、それぞれに個人差があるものの平均的に特徴をもってある時期に発育していく。

出生時から20歳までの発育増加量を100％として各年齢時までの増加量がその割合（％）で示されている。

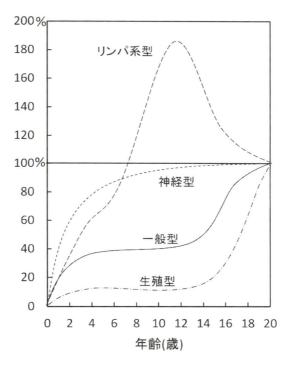

図3．スキャモンの発育曲線

5．体型の変化

体型の変化をみるためには種々の方法があるが、身長と体重の関係から体型を評価することができる。その中で、カウプ指数とローレル指数がある。

カウプ指数は、幼児期（6歳ごろ）までは年齢による変化が少ないので、乳幼児保健の分野で体型の評価に用いられる。

カウプ指数とは、生後3ヶ月から5歳までの乳幼児

表1．カウプ指数の基準値

体型	基準値
やせぎみ	14以下
ふつう	15～17
ふとりぎみ	18以上

引用：カウプ指数｜計算式・方法、基準値、評価や看護の4つのヒント｜ナースのヒント（j-depo.com）

の発育状態や栄養状態を確認するために参考にする指標の1つ。乳幼児の栄養状態は良いか、痩せすぎではないか、肥満ではないかなどを見る時に、このカウプ指数を用いることが多い。

カウプ指数＝体重（g）÷身長（cm）^{2}×10
※カウプ指数の計算式では、体重の単位はグラム（g）、身長の体位はセンチメートル（cm）になる。

ローレル指数は、身体充実指数とも呼ばれ、生後急激に減少し、7歳ごろから思春期までがほぼ平坦とみなせるので、その時期の肥満の評価に用いることがある。
ローレル指数（Rohrer index）は、主に児童や生徒の体格を評価するために使用される指標。特に成長期の子どもたちの栄養状態や発育状況を把握するために有用。

ローレル指数＝体重（kg）÷身長（cm）^{3}×10^7

- 100未満：やせすぎ
- 100〜115未満：やせぎみ
- 115〜145未満：普通
- 145〜160未満：太りぎみ
- 160以上：太りすぎ

図4．ローレル指数の基準値

引用：https://www.benricho.org/bmi/03jidou.html

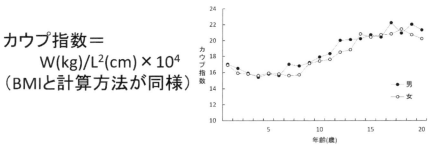

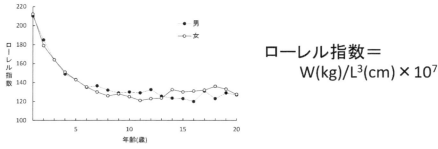

図5．ローレル指数とカウプ指数

6．BMIとは

近年、わが国においても食生活を取り巻く社会環境の変化、すなわち食生活の欧米化や運動不足から肥満の人が急激に増えている。

「肥満」とは、体重が多いだけではなく、体脂肪が過剰に蓄積した状態を言う。肥満は、糖尿病や脂質異常症・高血圧症・心血管疾患などの生活習慣病をはじめとして数多くの疾患のもととなるため、健康づくりにおいて肥満の予防・対策は重要な位置づけを持つ。

肥満度の判定には、国際的な標準指標であるBMI（Body Mass Index）＝［体重（kg）］÷［身長（m）^{2}］が用いられている。男女とも標準とされるBMIは22.0だが、これは統計上、肥満との関連が強い糖尿病、高血圧、脂質異常症（高脂血症）に最もかかりにくい数値とされている。

引用：肥満と健康｜e-ヘルスネット（厚生労働省）（mhlw.go.jp）

表2．肥満度分類（日本肥満学会）

BMI（kg/m^2）	判定	WHO基準
＜18.5	低体重	Underweight
18.5≦BMI＜25.0	普通体重	Normal range
25.0≦BMI＜30.0	肥満（1度）	Pre-obese
30.0≦BMI＜35.0	肥満（2度）	Obese class I
35.0≦BMI＜40.0	肥満（3度）	Obese class II
40.0≦BMI	肥満（4度）	Obese class III

注1）ただし、肥満（BMI≧25.0）は、医学的に減量を要する状態とは限らない。
　　　なお、標準体重（理想体重）はもっとも疾病の少ないBMI22.0を基準として、標準体重（kg）＝身長（m）^{2}×22で計算された値とする。
注2）BMI≧35.0を高度肥満と定義する。

7．スキャモンの発育曲線とゴールデンエイジ

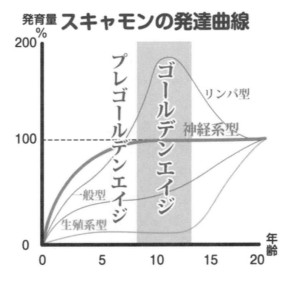

図6．スキャモンの発育曲線とゴールデンエイジ

第7章　コーディネーション能力

1．コーディネーション能力とは

　コーディネーション能力とは、「自分の身体を巧みに動かす能力」とのこと。目や耳などの情報を脳が認識し、筋肉や関節に指令を与える神経伝達を的確に行うようにする能力を示す。

　コーディネーションとは、1970年代に旧東ドイツのスポーツ運動学者が考え出した理論で、日本では調整力ともいわれ、いわゆる運動神経能力のことを指す。コーディネーション能力は7つの能力に分けられ、スポーツを行っている時は、これらの能力が複雑に組み合わさっている。

　コーディネーション能力が注目される背景には、以下のような内容が挙げられる。

・積極的に運動する子どもとしない子どもの二極化
・子どもの体力は近年向上しているが、昭和60年代のピーク時に比べて依然低い
・子どもの身のこなしの変化
　　例：まっすぐ走れない、立ち幅跳びで顔から落ちる
　　　　跳び箱に正面衝突する、ブランコを自分でこげない
　　　　運動用具をうまく使えない（ラケット、縄跳びなど）
・体つくり運動と関連させることで、体力の向上にもつなげられる

2．コーディネーション能力の7つの能力

　①リズム能力
　リズム感を養い、動くタイミングを上手につかむ能力。ダンスだけでなく、ラケット競技では打球のタイミングなどに影響する
　②バランス能力
　バランスを正しく保ち、ジャンプや回転などを伴う運動においても体の平衡性を保つために重要である。また、バランスや体勢を崩したときに素早く体勢を戻すのにも関わる
　③変換能力
　状況の変化に合わせて、素早く動きを切り替える能力。攻守の切り替えやプレーの最中

に知覚した、または予測された状況の変化に対して、運動を切り替える能力。

④反応能力

予測あるいは予期せぬ合図に素早く反応し、適切に対応する能力。ボールや相手の動き、位置などを素早く察知し、正確な動作で反応する。

⑤連結能力

身体全体をスムーズに動かす能力。手足や左右などの両側性など動きを無駄なく巧みに行う能力。

⑥定位能力

動いているものと自分の位置関係を把握する能力。パスやシュートを打つ位置、落下位置などを把握する空間認識能力。

⑦識別能力

道具やスポーツ用具などを上手に操作する能力。運動だけでなく、ハンドルやアクセルワークが必要な車の運転なども挙げられる。

図1．7つの能力

3．コーディネーション能力の留意点

●両側性…前後左右上下など、前の次は後ろ、右が成功したら左のように両側を行う
●変化…成功したら、少しずつ難易度を上げていく
●対応性…ボール運動の場合、ボールの種類を変化させる。ペアを変えるなど
●複合性…手や足などの運動を組み合わせて、複雑にしていく
●不規則…マンネリ化しないように、同じ運動でも合図や意外性のある動きを意識的に取り入れていく

第7章　コーディネーション能力

- パフォーマンスの直接的な向上に繋がるトレーニングもある一方で、球技において攻守の切り替えやゲームの状況を変えるパスなど、戦術を高めるための能力なども多くある。
- 単純な遊びやゲームの中にも、子どもの発育発達に繋がる要素が多く含まれていることからも、目的やねらいをもった活動や指導をしていくことが重要である。

4．コーディネーション能力の例

①マリオネット（変換＋連結＋リズム＋バランス）

マリオネット①

左のイラストのように、腕を上下に、足はグーパーと下肢上肢を2拍子で同時に行う。

マリオネット②

（ア）の発展として、腕は3拍子で、上・横・下の順に、下肢は2拍子でグーパーを行う。

②ミラードリル（バランス＋反応＋変換）

ミラードリル①

左の写真のように、Aが左右に逃げるのをBが離されないようについていく。一定時間で交代する。

ミラードリル②

①の発展として、Aは前後左右などに移動し、BはAとの間隔が離されないようについていく。一定時間で交代する。

引用：SAQトレーニングにおけるアジリティ能力 | CramerJapan

③足踏み（反応＋連結＋変換＋バランス＋定位）

左の写真のように、二人で手をつないで立つ。相手に足を踏まれないように、上半身で揺さぶりながら、相手の足を踏む。

147

④ツーボールパス（定位＋変換＋識別＋リズム）

ツーボールパス①
　二人組でそれぞれボールを持ち、ボールがぶつからないように同時に投げてパスをする（バウンドなども加えていく）。

ツーボールパス②
　円になって人数やボールを増やし、複雑化しながら、同時にボールをパスする。

⑤風船バレー（定位＋識別＋反応）

　対象者に応じて、ネットの高さを変更したり、ネットなしで行ったりと状況に応じて実施する。
　風船の大きさやゴム・紙など素材を変えることで、風船の動きや打つ力加減に変化が出る。

⑥バランスジャンケン（バランス＋識別＋連結）

バランスボール①
　バランスボールに座る、正座、うつ伏せに乗る、など様々な乗り方で、バランスをとる。

バランスジャンケン②
　左の写真のように、バランスを取りながら、ジャンケンを行う。

第8章　ストレッチ・ショートニング・サイクル

1．Jump Meterの測定条件

1）意義

「跳ぶ」という動作は、様々なスポーツの場面において広く用いられる。陸上競技における跳躍種目はもちろん、バレーボールやバスケットボールを代表とする球技種目やフィギュアスケートやスキージャンプなどウインタースポーツにおいてもよくみられる。また、短距離走の能力と垂直跳びやリバウンドジャンプには高い相関関係があることから、ジャンプ能力は基礎的な運動能力としての指標となりやすく、スポーツタレントを発掘する際にも重要な項目となっている。

単にジャンプと言ってもいくつかの種類がある。なかでも学校体育の場面で周知されている垂直跳びと近年の研究対象として注目されているリバウンドジャンプは代表的な跳躍方法である（図1）。

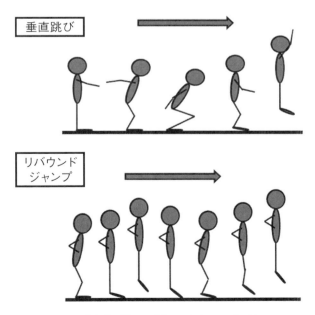

図1．垂直跳びとリバウンドジャンプの違い

垂直跳びは、股関節、膝関節及び足関節で構成される下肢三関節を大きく屈曲／伸展させて行うものであり、下肢の筋パワーの指標となる。スポーツの場面で考えると、陸上の跳躍やスキージャンプのように、局面の変化があまりなく、高い跳躍が求められる競技において重要な要素となる。一方、リバウンドジャンプは、下肢関節の屈伸を小さく素早く行い、「短い踏み切り時間でどれだけ高く跳べるか」という指標である。即ち、筋のみならず腱の粘弾性等の力学的特性の影響も強く受けることが考えられる。また、スポーツのなかでも刻一刻と局面が変化する球技系の競技において重要となる。

　跳躍高の測定装置はa）タッチ式、b）ひも式、c）滞空時間式に分けられる（図2）。それぞれの方法によって跳躍高の結果に差が生じるため、比較する場合には同じ方法間で比較すべきである。それぞれの特徴を以下に示した。

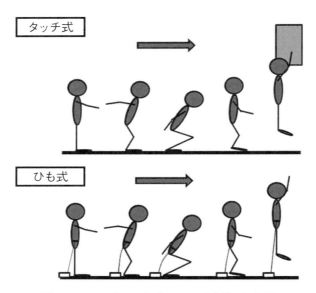

図2．タッチ式とひも式による垂直跳びの測定

a）タッチ式
　石灰粉等を手に付着させ、頭上のボードにめがけて跳躍し、最高点でボードに触れることにより印を付け、跳躍高を測定するものである。この場合の跳躍高は、直立挙上した手の指先から、ボードに付けた印の距離である。
　腕の挙上の仕方やボードに触れるタイミングの変動により誤差が生じる。

b）ひも式
　地面とウエスト部に取り付けたひもをジャンプによって引っ張り、ひもの移動した距離

で跳躍高を求める。

c）滞空時間式

マットスイッチ上で垂直跳びをすることによって、足がマットから離れ、再びマット接地する間の時間から滞空時間を割り出し、跳躍高を推定する。以下の式から求められる。

$$9.8(重力加速度) \times 滞空時間(秒)^2 / 8 = 跳躍高(m)$$

着地の仕方の変動により、誤差が生じる。

2）測定方法

ここでは、マットスイッチを用いた滞空時間式の垂直跳び測定器における測定の手順について解説する。

a）機器の準備

必要な機器は以下の通りである。
① マットスイッチ
② データ変換器
③ 垂直跳びのソフトがインストールされているPC
④ マットスイッチとJump Meterを繋ぐケーブル
⑤ データ変換器とPCを繋ぐケーブル

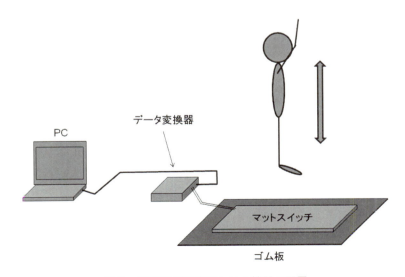

図3．垂直跳び測定における機器の配置

⑥ゴム板

　測測定機器の配置は、図3の通りである。マットスイッチの周辺は広く空け、クッション性の高いマット等を敷くなどして被験者が転倒した際の安全を確保する。また、マットスイッチの下にゴム板を敷くことは、マットスイッチの安定性の向上と設置する床面を一定に保つ役割を持っている。その他に、周辺のケーブルをガムテープなどで固定し、被験者が足を引っかけないよう配慮するとなお良い。

b）　被検者の準備

　被験者には、測定前に十分なウォーミングアップをさせる。特に、ジャンプ動作を急に行なうと、膝関節やアキレス腱などを負傷しやすいので、下肢を中心にストレッチをさせたほうが良い。

c）　測定方法

①PCのアプリケーションを起動した後、被験者の体重と保存ファイル名を入力する。

②被験者をマットスイッチ上に直立させ、「開始」ボタンを押す。

③垂直跳びを行わせる。着地はできるだけ膝を伸ばした状態で行うようにする。膝を曲げた状態で着地すると、それだけ滞空時間が長くなり、実際よりも跳躍高を過大評価してしまうので注意する。マットスイッチ上に着地できなければ繰り返し測定を行う。

　「開始」ボタンを押すとPC画面上には基線（0V）の波形が表示される。マットスイッチに乗っている時には5Vの電圧が流れ、跳躍後空中では0Vに戻る。着地すると再度5Vの波形が表示され、自動的に測定終了となる。

④測定結果には、滞空時間（sec）跳躍高（m）仕事量（J）が表示される。跳躍高は前述の式から算出され、仕事量は、跳躍高、体重（kg）および重力加速度の積で求められ、表示される。

3）　応用例

a）　各種動作条件での垂直跳びの跳躍高

　体力テスト等において誰もが測定したことのある垂直跳びは、様々な条件を加えることにより、ヒトの身体機能を見つめ直すことができる。高く跳ぼうとする時に腕を強く振ることや、膝関節を大きく屈曲することは、日常的な運動の中で自然と身についていくものである。しかしながら、そのような動作を制限して垂直跳びを行うと、跳躍高にどのような変化が生じるのかを明らかにすることができる。

第8章 ストレッチ・ショートニング・サイクル

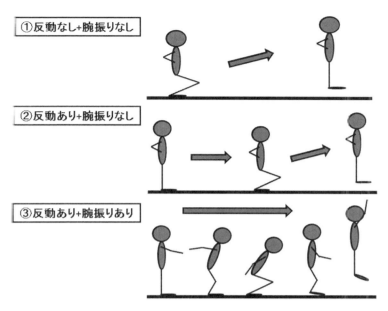

図4．3つの動作条件における垂直跳び

表1．3つの動作条件における跳躍高が示す能力

No.	動作条件		跳躍高が示す能力
	反動	腕振り	
①	なし	なし	下肢筋群の収縮（筋力）による脚伸展パワー
②	あり	なし	下肢筋群の伸張・短縮サイクル（SSC）を用いた脚伸展パワー
③	あり	あり	反動動作と腕振り動作の協調性

　図4に示した動作条件による垂直跳びは、①反動なし＋腕振りなし、②反動あり＋腕振りなし、③反動あり＋腕振りありの3つである。それぞれの特徴を表1に示した。①反動や腕振りを用いないため、単純な脚伸展パワーを意味するものである。②は伸張・短縮サイクルを用いた時の脚伸展パワーを評価するものである。スポーツなど実際の運動においては、伸張性収縮に引き続いて短縮性収縮が連続的に起こる場合がほとんどである。この伸張性・短縮性収縮の組み合わせは、「伸張－短縮サイクル」（ストレッチ－ショートニングサイクル　SSC）と呼ばれ、素早い切り返し動作や爆発的なパワーが要求されるスポーツ種目のトレーニングにおいて、特に重要視されている。そして③では、垂直跳びの技術において重要であると考えられる反動動作と腕振り動作の協調性の巧みさを評価できる。

153

また、②から①を差し引くと「反動動作を行うことによって、どの程度跳躍高が増加するのか」、すなわち「反動動作の巧みさ」を評価する指標となり、③から②を差し引くと「腕振り動作を行うことによって、どの程度跳躍高が増加するのか」といった「腕振り動作の巧みさ」を評価することができる。

　相対的な評価基準として、深代[1]は日本人のスプリンター及びジャンパーの反動動作あり＋腕振り動作ありにおける跳躍高を示しているので参考にされたい（表2）。

表2．日本人スプリンター及びジャンパーにおける垂直跳び跳躍高の評価基準
(深代1990より引用)

評価	男子	女子
AA	60〜	50〜
A	53〜	43〜
B	47〜	37〜
C	40〜	30〜
D	〜40	〜30

（単位：cm）

2．運動強度の漸増の意義

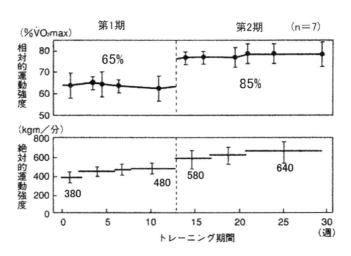

図5．トレーニング強度の漸増効果

引用：トレーニングの科学的基礎、宮下充正、ブックハウスHDより

第8章 ストレッチ・ショートニング・サイクル

3．骨格筋線維タイプ

遅筋(ST)線維	速筋(FT)線維	
遅筋(ST)線維	速筋a(FTa)線維	速筋b(FTb)線維
TypeⅠ線維	TypeⅡ線維	
TypeⅠ線維	TypeⅡA線維	TypeⅡB線維
SO線維	FOG線維	FG線維

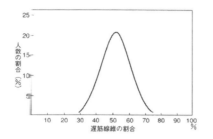

速筋；糖質をエネルギー源

遅筋；脂質・乳酸をエネルギー源

遅筋と速筋の割合

1：1

図6．骨格筋線維の分類と外側広筋の遅筋線維の割合

引用：レジスタンストレーニング、石井直方、ブックハウスHDより

4．筋肉とエネルギー

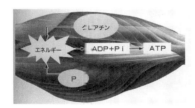

非乳酸性機構

乳酸性機構

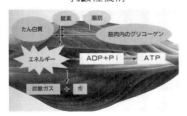

有酸素性機構

図7．エネルギー供給系

引用：森永製菓：FITNESS BIBLEより

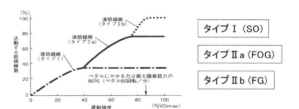

タイプⅠ(SO)

タイプⅡa(FOG)

タイプⅡb(FG)

乳酸産生能力

最大酸素摂取量

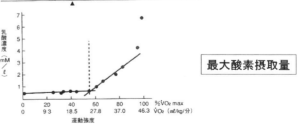

図8．筋線維タイプ別にみた運動強度、乳酸産生能力、乳酸性作業閾値

引用：トレーニングの科学的基礎、宮下充正、ブックハウスHDより

5．筋の活動様式と発揮される力の大きさ

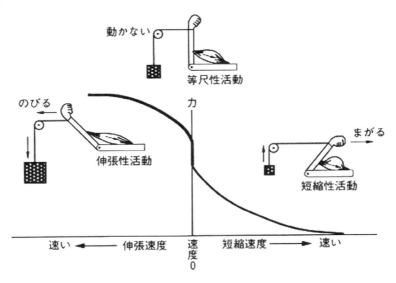

図9．筋の活動様式と発揮される力の大きさ（ヒル、1951）

6．運動単位

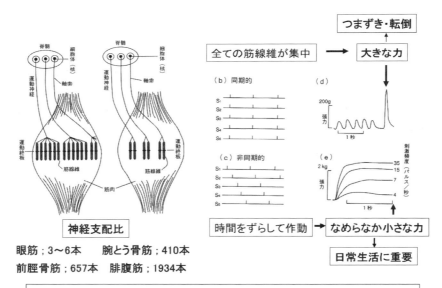

図10．運動単位
（宮下充正著；トレーニングの科学的基礎、ブックハウスHDより）

第8章 ストレッチ・ショートニング・サイクル

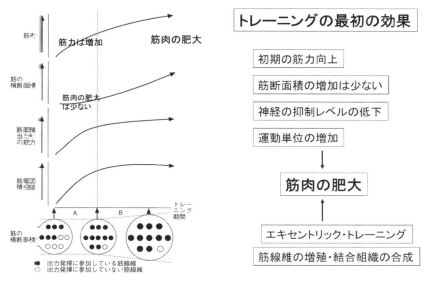

図11. トレーナビリティ
（石井直方著：レジスタンストレーニング、ブックハウスHDより）

7. 伸張―短縮サイクル（SSC）

プライオメトリック・トレーニング
　爆発的なパワーを発揮する能力を高めるトレーニング

ストレッチ・ショートニング・サイクル
　素早いエキセントリックな筋活動の直後にコンセントリック活動を行うこと
　　　　　　　　　　　↓
　コンセントリック筋活動だけのときより短時間で大きな筋力が発揮できる

大きな筋力が発揮させる機序
①筋力の立ち上げ時間の短縮（予備緊張の付加）
②筋紡錘からの伸張反射により筋肉が収縮しようとする力を利用できる
③腱が伸びた時のゴルジ腱反射を抑制するために次のコンセントリック筋活動を習慣化させ、筋の興奮レベルを極力下げてしまうことを防ぐ
④始めのエキセントリックによって腱や筋肉が伸ばされ、弾性エネルギーが蓄積され、そのエネルギーを使うことで素早い筋力発揮が行われる

図12. ストレッチ・ショートニング・サイクルの機序

157

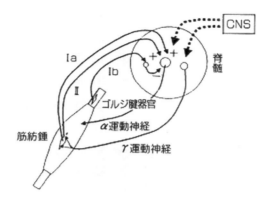

図13. 筋紡錘とゴルジ腱器官

　ストレッチ・ショートニング・サイクル（Stretch Shortening Cycle, SSC）は、筋肉が素早く伸張された後に速やかに短縮されることで、より大きな力を発揮するメカニズム。
 1．伸張反射：筋肉が急激に伸ばされると、筋紡錘がその伸張を感知し、反射的に筋肉を収縮させる。
 2．弾性エネルギーの利用：筋肉が伸張されるときに蓄えられた弾性エネルギーが、短縮時に解放され、より大きな力を発揮する。
 3．予備緊張：動作前に筋肉をあらかじめ緊張させることで、素早く大きな力を発揮する準備をする。

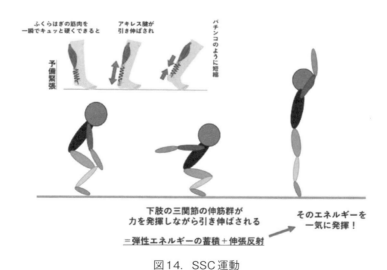

図14. SSC運動

引用：脚のバネを鍛える？（SSC運動：ストレッチ・ショートニング・サイクル）−陸上競技の理論と実践〜Sprint & Conditioning〜（sprint-condition.info）

第8章　ストレッチ・ショートニング・サイクル

　しゃがんでからジャンプする動作では、しゃがむことで筋肉が伸張され、その後のジャンプで弾性エネルギーが解放されるため、より高く跳ぶことができる。

　このメカニズムを利用したトレーニングはプライオメトリクストレーニングと呼ばれ、スポーツパフォーマンスの向上に役立つ。

8．プライオメトリックトレーニング

　プライオメトリックトレーニングは、筋肉のストレッチ・ショートニング・サイクル（SSC）を利用し、瞬発力やジャンプ力を向上させるトレーニング方法。

　具体的には、筋肉が急激に伸ばされた後に素早く収縮する反射を活用し、より大きな力を短時間で発揮することを目指す。

　このトレーニングは、スポーツパフォーマンスを向上させるために非常に効果的で、特にジャンプやスプリントなどの動作において有効。

　ただし、プライオメトリックトレーニングは高強度のため、適切な準備運動や基礎的な筋力トレーニングが必要。無理をすると怪我のリスクが高まるため、注意が必要。

　プライオメトリックトレーニングには以下のような種類がある。

１．ボックスジャンプ

　高さのあるボックスにジャンプで飛び乗るエクササイズ。ジャンプ力と瞬発力を鍛えるのに効果的。ポイントは、ボックスから降りたときに接地時間を極力短くすること。

２．アンクルホップ

　膝を曲げずに足首だけを使って高く速く跳ぶエクササイズ。自重だけで行うため、どこでも簡単に行うことができる。上半身を大きく動かしながら高く真上に跳ぶように意識する。

３．ジャンプスクワット

　スクワットの動作にジャンプを加えたエクササイズ。下半身の筋力と瞬発力を同時に鍛えることができる。着地時には膝を柔らかく使って衝撃を吸収するようにする。

４．メディシンボールスロー

　メディシンボールを使って、しゃがんだ姿勢から立ち上がると同時に真上へ投げるエクササイズ。上半身の瞬発力を高めるのに効果的。

５．デプスジャンプ

　高い場所から飛び降りて、着地と同時に再びジャンプするエクササイズ。筋肉の伸張反射を利用して、より大きな力を発揮することができる。

159

図15．伸張性局面と短縮性局面

引用：NSCA対策〜17章 プライオメトリックトレーニングとスピードトレーニング〜｜パーソナルトレーナー養成スクール｜ASPトレーナースクール【公式】（schoolasp.com）

図16．デプスジャンプ

参考文献

1）深代千之：跳ぶ科学，大修館書店，1990．

第9章　動体視力および全身反応時間

1．視力について

視力は、いくつかの種類で分類される。

1．裸眼視力

コンタクトレンズや眼鏡などで矯正していない視力を指す

2．矯正視力

コンタクトレンズや眼鏡などで矯正した視力を指す（眼科などでの検査用の眼鏡での視力も矯正視力という）

なお、車や二輪は両目で0.7以上、原付で0.5以上なければならない。

3．近見視力

30cmの距離で視力検査をした際の視力

4．遠見視力

5 mの距離で視力検査をした際の視力（通常の視力検査での距離）

5．両眼視力

両目で検査した際の視力

6．片眼視力

片目で検査した際の視力

通常では、片目の視力を測定し、両目でいくつまでみえているかを検査する

7．深視力

距離感、立体感や奥行きなどを感じる判断視力。片目ずつでみた物体を一つに捉える正確性。

8．中心視力

一般に行われている視力で、最も視力が良い部分で視ている視力

9．中心外視力

中心視力よりも大変悪く、視線が中心からずれるにつれて視力が低下していく。

10．静止視力

一般に行われている視力で、静止しているものを指標とする視力

11．動体視力

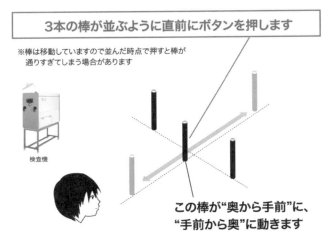

前後2cm以内の誤差が合格範囲、3回の測定で合計誤差6cm以内で合格

図1．深視力

　動いているものを判断する視力。静止視力が良いからといって、動体視力が良いとは限らない（一方、静止視力が悪いと動体視力も悪い）。

　静止視力が1.2の人が、時速50kmで0.7、時速100kmで0.6になるとされる。

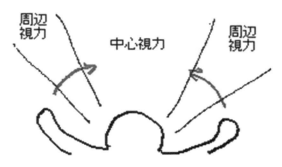

図2．中心視力と周辺視力

2．動体視力とは

　動体視力とは、動いている物体を視認し、識別する能力を指す。

　例えば、スポーツでボールを追う際や、運転中に他の車両や歩行者を認識する際に重要。

　動体視力には、水平に動く物体を認識する「DVA動体視力」と、前後に動く物体を識別する「KVA動体視力」がある。

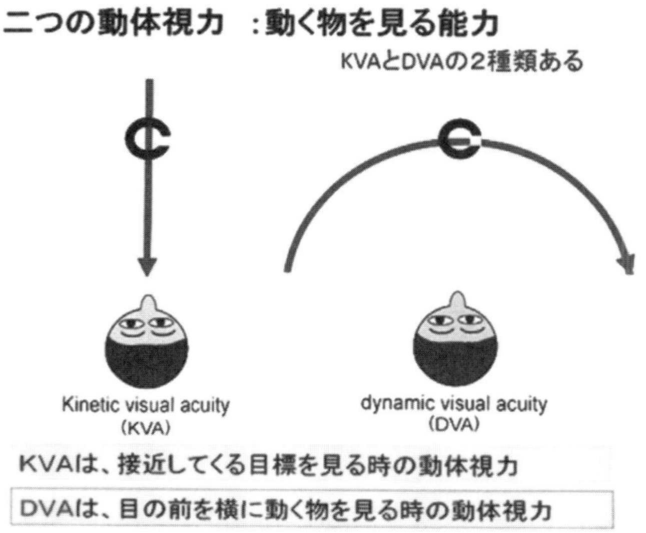

第9章　動体視力および全身反応時間

図３．KVA と DVA

引用：視力のいろいろ：「動体視力」「深視力」って何を見る力？いしゃまち（ishamachi.com）

　動体視力を向上させる方法には、下記のような方法が挙げられる。

・ビジョントレーニング

　親指フォーカス：両手を前に出し、親指を立てる。顔を動かさずに目だけで親指を左右に動かして追う。

　ナンバータッチ：壁にランダムに数字を書いた紙を貼り、順番にタッチしていく。

・日常生活での練習

　電車や車のナンバープレートを読む：移動中に駅名や看板、車のナンバープレートを読む練習をする。

　ボールを使った練習：ボールに書かれた文字を読み取る練習をする。

・専用機器やアプリの利用

　トレーニング専用機器やアプリを使って、動体視力を鍛えることも効果的。

引用：動体視力を鍛える方法を徹底解説【簡単測定テスト付】（kineticvsn-lab.com）

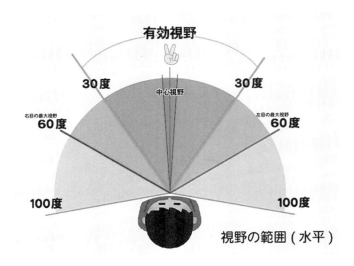

図4．視野の範囲
引用：ビジョントレーニングの基礎③周辺視野｜中塚祐馬（note.com）

3．全身反応時間

　全身反応時間は、敏捷性を把握することを目的に行われる測定項目である。
　一般的に反応開始の合図から、足がマットなどから離れるまでの時間を計測する。
　運動などでは、卓球やバドミントン選手などの素早い動きや判断が必要とされる選手は短いとされている。
　中高齢者では、転倒のリスクと関係するとされ、躓いた時などのとっさの判断に影響すると考えられている。

4．測定方法（全身反応時間）

　測定方法には、いくつか種類がある。一般的には音や光などの刺激を受けて、素早く反応する能力を測定する（刺激内容で多少速度が変化する）。
　①マット式（足）
　刺激を受けてから、素早くマットから離れる。
　②マット式（手）
　刺激を受けてから、素早く手をマットから離す。
　③スイッチ式
　手にスイッチを持ち、刺激を受けてから、素早くスイッチのボタンを押す。

5．刺激から動作までの時間

　手でボタンを押す単純反応では、一般的に150msec程度と考えられている。足をマットから離すものでは、20代平均で350msec程度とされる。

　刺激→神経伝達→脳→神経伝達→筋→動作

　この一連の流れで、筋肉の収縮には0.1秒以上かかるとされている。

　そのため、陸上のスタートは0.1秒よりも早い場合フライングとなる。

表１．単純反応時間の参照値
（単位：msec）

評価	男性	女性
5	241	270
4	276	310
3	311	350
2	346	390
1	381	430

全身反応時間
引用：column_20150920.pdf（yspc-ysmc.jp）

第10章　足把持力

1．意義

　二足歩行を行うヒトにとって、足底や足趾は地面と接する重要な役割を持ち、安定した立位姿勢を保つ上で、足で物をつかむ力、いわゆる足把持力は必要不可欠なものである。

　近年になり，握力計を改良して作成した足趾把持力測定器の開発などが進み、高齢者の転倒予防対策を中心として足把持力が注目されるようになった。

　足趾をかけるバーに指をかけ、手の握力の測定と同様に足指を屈曲することによって力を発揮し、足趾の等尺性筋力を計測するものである。

2．期待される効果

●転倒の危険因子とされる下肢筋力、柔軟性、足底感覚などの身体機能と足把持力との関係から、足把持力の低下は転倒の危険因子となりうること

●高齢者における転倒経験群と非経験群では、転倒経験群の方が非経験群に比べて足把持力が低いこと

●足把持力は歩行における推進力や離地時の後方へのキックと関係している可能性があり、歩行においても重要であること

3．測定方法

　測定足は，把持しやすい任意の片足とし、把持バーを被験者の第1中足指節関節に合うように調整する。測定姿勢は、椅座位（膝関節90°屈曲位、足関節底背屈中間位）とし、最大努力にて2～3回の測定を行い、最も高い値を代表値とする。

　手は、体側に自然に下ろすか、大腿に添えるようにし、椅子は握らないようにする。

4．参考値（平均値）

　成人（平均年齢22歳）
　　男性13.9±1.5kg　　　女性10.0±1.0kg
　高齢者（平均年齢77歳）
　　男性9.3±3.4kg　　　女性7.8±3.5kg
　体育大学生（平均年齢20歳）
　　男子16.4±4.0kg　　　女子12.8±3.6kg

5．足把持力とトレーニング

　足把持力とは、足の指で物をつかむ力のことを指す。具体的には、足の指を曲げたり伸ばしたりする際に使われる筋力のこと。この力は、バランス能力や歩行能力に密接に関係しており、特に高齢者にとっては転倒予防に重要。

　足把持力を鍛えることで、バランス能力が向上し、転倒のリスクを減少させる効果があるとされる。

　例えば、タオルを足の指でつかんで持ち上げる「タオルギャザー」などのトレーニングが効果的。

　足把持力のトレーニングには、以下のようなものが挙げられる。

・タオルギャザー
　椅子に座り、足の指でタオルをつかんで手繰り寄せる。
・足指のグーパー運動
　足の指をできるだけ広げる。次に、足の指をしっかりと握る。
・足指でビー玉拾い
　床にビー玉をいくつか置く。足の指でビー玉を拾い、別の場所に移動させる。

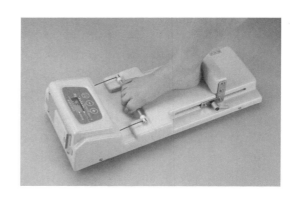

図1．足把持力計（竹井機器製）

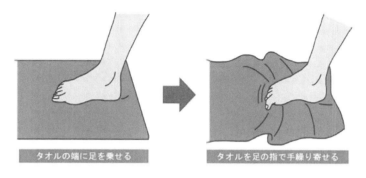

図2．タオルギャザリング

引用：足趾を鍛えるタオルギャザー－天白接骨院ホームページ（kenko-nagoya.com）

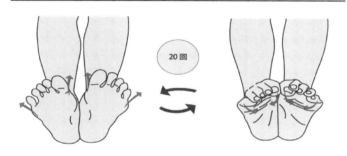

図3．足のグーパー運動

引用：転倒予防｜自主トレばんく　筋トレ・ストレッチ・リハビリのイラスト資料（jishu-tre.online）

6．足把持力と転倒予防

1. 骨折のリスク：高齢者は骨密度が低下しているため、転倒によって骨折しやすくなる。特に大腿骨頚部の骨折は、手術や長期入院が必要になることが多く、回復に時間がかかる。
2. 寝たきりのリスク：骨折や重傷を負うと、長期間ベッドで過ごすことになり、筋力の低下や心肺機能の低下を招く。これが原因で寝たきりになるリスクが高まる。
3. 認知症のリスク：長期入院や活動量の低下は、精神的なストレスを引き起こし、認知症の発症や進行を促す可能性がある。
4. 生活の質の低下：転倒によるケガや骨折は、日常生活に大きな制約をもたらし、精神的な負担も増加する。これにより、生活の質が大きく低下することがある。

引用：【専門家が解説】高齢期になるとなぜ転ぶ？転倒予防に効果的な体操－LIFULL介護（ライフル介護）（homes.co.jp）

第11章　静的スタビリティー

1．閉眼片足立ちの測定方法

・両手を腰にあて、両目をつぶり、左右どちらでも立ちやすい側の足で片足立ちになる。

・上げた足は軸足には触れないようにして、高さや位置は自由。

・最大180秒として、軸足が少しでもずれる、上げた足が床に着いた時点で終了。その時間を測定する。

・2回行い、長いほうの時間を記録する（軸足は変えても変えなくても良い）。

表1．年齢別閉眼片足立ち評価表

■閉眼片足立ち（平衡性）

男性	優れている	やや優れている	ふつう	やや劣っている	劣っている
年齢	5	4	3	2	1
20～24	177以上	176～58	57～19	18～7	6以下
25～29	186以上	185～62	61～21	20～7	6以下
30～34	167以上	166～56	55～19	18～7	6以下
35～39	139以上	138～47	46～16	15～6	5以下
40～44	110以上	109～38	37～13	12～5	4以下
45～49	86以上	85～30	29～11	10～4	3以下
50～54	66以上	65～24	23～9	8～3	2以下
55～59	44以上	43～17	16～7	6～3	2以下

（秒）

女性	優れている	やや優れている	ふつう	やや劣っている	劣っている
年齢	5	4	3	2	1
20～24	170以上	169～57	56～19	18～7	6以下
25～29	182以上	181～62	61～21	20～8	7以下
30～34	168以上	167～56	55～19	18～7	6以下
35～39	140以上	139～46	45～15	14～5	4以下
40～44	110以上	109～36	35～12	11～4	3以下
45～49	83以上	82～28	27～10	9～4	3以下
50～54	61以上	60～22	21～8	7～3	2以下
55～59	38以上	37～15	14～6	5～3	2以下

（秒）

（財団法人中央労働災害防止協会　THP 体力測定評価基準より引用）

２．開眼片足立ちの測定方法

・両手を腰にあて、両目を開けたまま、左右どちらでも立ちやすい側の足で片足立ちになる。
・上げた足は軸足には触れないようにして、高さや位置は自由。
・最大120秒として、軸足が少しでもずれる、上げた足が床に着いた時点で終了。その時間を測定する。
・２回行い、長いほうの時間を記録する（軸足は変えても変えなくても良い）。

表２．高齢者の平均的な記録（開眼片足立ち）

	60〜64歳	65〜69歳	70〜74歳	75〜79歳	80〜84歳
男性	28〜110	21〜100	13〜45	10〜26	6〜18
女性	29〜84	15〜58	11〜29	5〜15	4〜13

（単位：秒）

３．ファンクショナルリーチテスト（FRT）の測定方法

・壁に向かって横向きに立ち、両足を開いて安定した立位姿勢をとる。
　（開始姿勢が崩れやすい場合は、一度その場で足踏みなどをさせる。）
・手は軽く握り、両腕を90°挙上させる。その際に体幹が回旋しないように注意する。
・肩の高さで伸ばした手指の先端をマークし、壁に遠い方の手を下ろす。
・手指は同じ高さを維持したまま、足を動かさずに出来るだけ前方へ伸ばし、最長地点をマークする。この際に踵が上がらないようにする。また、膝は曲げない。
・その後は開始の姿勢に戻る。

第11章　静的スタビリティー

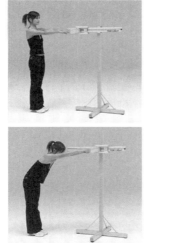
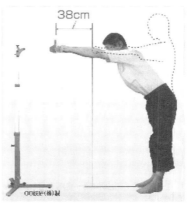

図1．ファンクショナルリーチテスト

図2．ファンクショナルリーチテストの注意点

表3．ファンクショナルリーチテストの年代別平均値

	10代	20代	30～40代	50歳以上	全体
男性	39.6	39.4	34.8	32.7	37.7
女性	33.4	37.4	33.8	31.6	34.7

（単位：cm）

173

４．開眼片足立ちとは

　開眼片足立ちとは、目を開けたまま片足で立ち、姿勢を何秒間保てるかを測定するテスト。このテストは、バランス機能や下半身の筋力を評価するために使われ、特に高齢者のバランス能力を評価するために用いられ、転倒リスクの評価や筋力トレーニングの効果測定にも利用される。

　開眼片足立ちテストの結果が15秒未満の場合、運動機能不安定症の診断基準の一つを満たすことになる。

　これは、バランス能力や下半身の筋力が低下している可能性を示唆しており、転倒リスクが高まることを意味する。

　特に高齢者の場合、片足立ちの時間が短いと日常生活での動作が不安定になりやすく、転倒の危険性が増すため注意が必要。

５．バランス能力の改善方法

１．片足立ち：片足で立つことで、バランス感覚を鍛える。目を閉じて行うとさらに効果的。

２．プランク：体幹を鍛えることで、全身のバランスを向上させる。

３．かかと上げ：ふくらはぎの筋肉を鍛え、バランスを保つ力を強化できる。

４．エアプレーン：片足を後ろに伸ばし、上体を前に倒すことで、バランス感覚と体幹を同時に鍛える。

５．ツリーポーズ：ヨガのポーズで、片足をもう一方の足の内側に置き、バランスを取る。

引用：バランス感覚を鍛えるトレーニングメニュー10選！体幹＆下半身を鍛えてバランス感覚に磨きをかけよう－uFit

第11章　静的スタビリティー

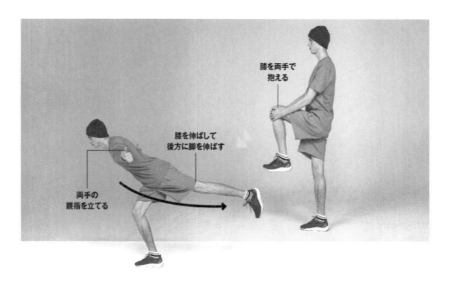

図3．バランストレーニング

引用：「立っても疲れないカラダ」を作る3ステップ・エクササイズ | Tarzan Web（ターザンウェブ）

175

第12章　血流と筋硬度

1．酸素動態測定条件

1）意義

　酸素動態の測定は、体表から近赤外線分光法（near-infrared spectroscopy：NIRS）により局所レベルでの体内の酸素動態を観察することが可能であり、運動時における活動筋の酸素循環動態を探ることができる。呼吸により取り込んだ酸素は、肺胞で血液中のヘモグロビンと結合し、筋内で消費される。この酸素の消費や供給バランスを分析することが可能である[1]。近赤外線分光法は近赤外光の生体を透過しやすい性質と、ヘモグロビンの近赤外光の吸収率が酸素化、脱酸素化の状態により異なるという性質を利用したものである[2]。これまでに、臨床の場においては脳活動や筋力回復のための診断に活用されている。また、スポーツ科学や運動生理学においても活用[4]されている。近年では、運動中の酸素動態についても評価[3]されている。例えば、歩行時の酸素動態について検討した報告によれば、運動開始直後は下肢への血液供給が増加しても、筋ポンプ作用（筋収縮）により組織酸素化血液量や組織脱酸素化血液量は低下し、運動中は、筋収縮が増大し組織脱酸素化

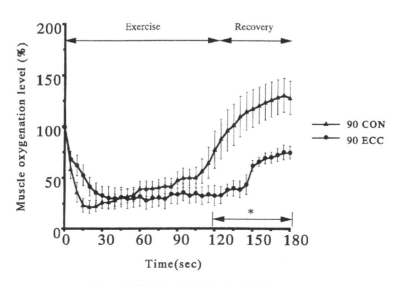

図1．運動中及び回復期の酸素動態

血液量や組織全血液量が増加したことが報告[6]されている。また、図1に示した様に、等速性（90deg/sec）の伸展運動時において60回の連続運動を行わせた際の酸素動態の変化は、短縮性及び伸張性収縮時ともに運動開始後酸素レベルは減少した。回復期においては上昇傾向にあり、短縮性収縮時が伸張性収縮時よりも有意に高い値を示している。このように、運動初期の酸素減少や運動後の回復期においては、筋の収縮速度や収縮様式によって酸素動態が異なることが報告されている[8]。さらに、運動強度が高くなれば、筋収縮による血管の圧迫により血流の減少が生じることや、低強度の筋収縮であっても筋内圧が上昇し筋活動への血液制限が生じることが報告されている。

以上のように、生体内の情報を明らかにすることは、身体活動を探る上で極めて意義あるものと考えられる。

2）測定方法と評価法

近赤外線分光法による酸素動態の測定は、レーザー組織血液酸素モニター（オメガモニターTR　BOM－L1TR）を用いて実施可能である（図2）。測定可能な項目は組織酸素化血液量（OXY Hb）、組織脱酸素化血液量（deOXY Hb）、組織全血液量（total Hb）、組織血液酸素飽和度（STO_2）である。装置のプローブ（送光部）とディテクター（受光部）は、筋線維の走行方向に対して垂直に貼付する。送光部より発せられた近赤外光は、体表を通過し筋組織に到達する。そして近赤外光はヘモグロビン及びミオグロビンに吸収され、その吸収度合いはOXY Hb及びdeOXY Hbによって変化するために、受光部に返ってきた光量から酸素動態を評価することが可能になる。測定されたデーターは解析システムによりAD変換され、リアルタイムでPCへ取り込む。その評価法としては、測定時間の平均値で評価することが妥当である。

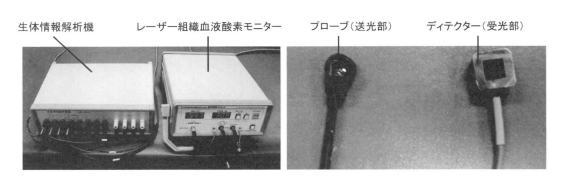

図2．酸素動態測定の機器（オメガモニターTR　BOM－L1TR）

3) 応用例

　酸素動態の測定は、安静時のみならず運動中においても測定が可能であるために、あらゆるスポーツ種目の運動中の酸素動態を評価することが可能である。また、酸素動態の測定は局所レベルでの運動強度の指標や活動量の指標といった運動処方の手段として有効であり、競技力向上に貢献できる測定法である[1]。

　また、スポーツ活動の場においても様々な観点から応用できるものである。これまでに実施された研究には、近赤外線分光法によるレーザー組織血液酸素モニターを用いて酸素動態を明らかにし、高強度の運動後における足浴が筋疲労を軽減するかについて検討されている。その報告によれば、高強度の運動を行った後15分間の足浴を実施することで、HbO_2は増大し、筋疲労が軽減される可能性について指摘している（図3）。このような研究報告は実際のスポーツ活動の競技力向上に大きく貢献するものと思われる[7]。

　さらには、近赤外線分光法の酸素動態測定は、簡便かつ非侵襲的であるために健常者のみならず臨床場面においても有効である。さらには、体表から生体内の情報を評価することが可能であるためにヒトの身体活動を探る上で有効な手法として挙げられる[5]。

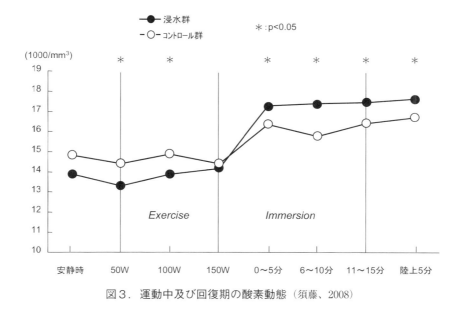

図3．運動中及び回復期の酸素動態（須藤、2008）

２．肩こりとは

　肩こりとは病気ではなく、症候であり、明確な定義はなく、個人によって起こっている症状を示す。凝りや張り、重い、痛いなどで表現される事が多い。

　主に僧帽筋に起こる症状であり、厚生労働省による国民生活基礎調査（2015）において、有訴者率で男性が２位、女性では１位を占める症状である（なお、腰痛が男性１位、女性２位である）。

　肩こりに関連する筋は、首の後ろから肩～背中にかけての筋であり、主に僧帽筋である。その他の筋肉も含めて重さ５～６kgの頭を支えている。

　重たい頭を支え、上肢を動かす際にも筋肉を使うため、常に筋肉は緊張している。筋肉は緊張することで疲労がたまり、その結果硬くなる。筋肉が硬くなると血管を圧迫し、血流を阻害し筋疲労をきたす。筋疲労が起こることで肩こりを引き起こす。ひどい場合には、末梢神経を障害し、しびれや痛みも起こる。

表１．筋硬度、血流量および肩こり度

	n	筋硬度	血流量	肩こり度
全体	155	55.6 ± 4.7	2.0 ± 0.8	2.7 ± 1.2
Ａグループ	37	55.4 ± 5.1	1.9 ± 1.0	2.6 ± 1.4
Ｂグループ	34	52.5 ± 4.7	1.8 ± 0.8	2.8 ± 0.9
Ｃグループ	7	54.1 ± 2.3	1.5 ± 0.9	3.3 ± 0.8
Ｄグループ	41	57.7 ± 3.5	2.3 ± 0.9	2.9 ± 1.2
Ｅグループ	36	56.8 ± 4.3	2.3 ± 0.5	2.3 ± 1.1

※肩こり度は、５段階での主観的評価

３．肩こりの予防方法

正しい姿勢を保つ
- ・デスクワーク：椅子に深く座り、背筋を伸ばして、モニターの高さを目の高さに合わせる。
- ・スマートフォンの使用：スマートフォンを目の高さに持ち上げ、首を前に傾けないようにする。

定期的なストレッチと運動
- ・肩回し：肩を前後に回すことで筋肉をほぐす。
- ・首のストレッチ：首をゆっくりと左右に倒し、筋肉を伸ばす。

第12章　血流と筋硬度

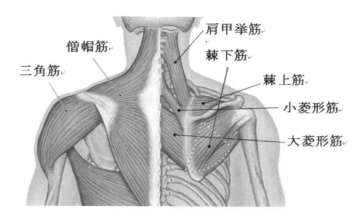

図４．肩関節、首周辺筋群

引用：肩こりの事実！！肩こりは肩もみではなくならない？正しい肩こりマッサージ法｜奈良市で整体・整骨院なら口コミランキング１位「ニシトミ施術所」（nishitomi-s.com）

- 軽い運動：ウォーキングやヨガなど、全身を動かす運動を取り入れる。

休憩を取る

- デスクワーク中の休憩：１時間に１回は立ち上がって体を動かすようにする。
- 目の休憩：画面を長時間見続けると目の疲れが肩こりにつながることがある。20分ごとに目を休めることを心がける。

リラックス

- 深呼吸：深呼吸をすることでリラックスし、筋肉の緊張を和らげる。
- 趣味の時間：ストレスを減らすために、趣味やリラックスできる活動を取り入れる。

適切な寝具を選ぶ

- 枕の高さ：自分に合った高さの枕を使うことで、首や肩の負担を減らす。
- マットレス：体をしっかり支えるマットレスを選ぶ。

４．ブラジキニンとは

1. 血管拡張：ブラジキニンは細動脈を拡張させ、血流を増加させる。これにより、傷害や炎症が起きた部位への血流が増え、修復や防御のための免疫細胞や栄養素が迅速に運ばれる。
2. 透過性の亢進：ブラジキニンは細静脈の壁を一時的に透過性が高くすることで、白血球や免疫細胞が炎症部位へ移動しやすくなる。
3. 発痛作用：ブラジキニンは強い発痛作用を持ち、痛みを感じることで傷害部位を守るための警告信号として機能する。

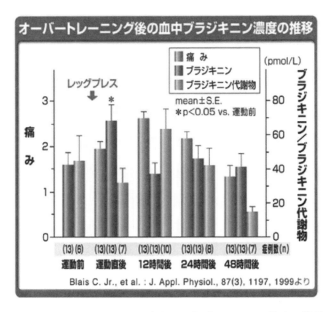

図5．オーバートレーニング後の血中ブラジキニン濃度の推移

引用：筋肉の痛みとブラジキニン｜痛みとブラジキニン｜メディカルトピックス｜日本ケミファ（nc-medical.com）

4．炎症反応：ブラジキニンは炎症反応を促進し、体が感染や傷害に対して迅速に反応するのを助ける。

5．血流とは

血流は、血液が血管を通って体内を循環することを指す。血液は酸素や栄養素を細胞に運び、二酸化炭素や老廃物を排出する重要な役割を果たしている。

血流を良くするためには、適度な運動やストレッチ、バランスの取れた食事が効果的。

特にふくらはぎのケアが大切で、「第2の心臓」とも呼ばれるふくらはぎの筋肉を動かすことで、血液の循環を助けることができる。

血流を改善する方法には以下のようなものが挙げられる。

運動

・有酸素運動：ウォーキング、ジョギング、サイク

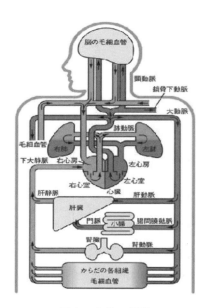

図6．血流の循環

リングなどの有酸素運動は、心臓を強化し、血流を促進する。
・ストレッチ：特にふくらはぎや太もものストレッチは、血液の循環を助ける。

食事
・水分補給：十分な水分を摂ることで、血液がサラサラになり、流れやすくなる。
・バランスの取れた食事：野菜、果物、全粒穀物、魚などを含むバランスの取れた食事は、血管の健康を保つ。

ライフスタイル
・禁煙：喫煙は血管を収縮させ、血流を悪化させる。
・ストレス管理：ヨガや瞑想などのリラクゼーション法は、ストレスを軽減し、血流を改善する。

マッサージ
・セルフマッサージ：足や手のマッサージは、血液の循環を助ける。

6．筋硬度とは

筋硬度とは、筋肉の硬さや弾性を示す指標。具体的には、筋肉が外部からの圧力や力に対してどれだけ抵抗するかを測定する。

筋硬度は、運動や疲労、筋損傷などによって変化する。

例えば、運動後や筋肉が損傷した場合、筋硬度が増加することがある。これは、筋肉が収縮したり、腫れたりすることによって引き起こされる。

筋硬度を改善する運動には以下のようなものが挙げられる。

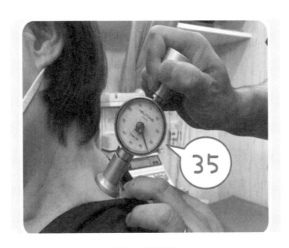

図7．筋硬度

引用：スタッフチャレンジ【リンパ調整法①】｜八王子・みどり堂整骨院（m:dɔridou.jp）

1. ストレッチング
   - ハムストリングストレッチ：床に座り、片足を伸ばしてもう片方の足を内側に曲げる。伸ばした足のつま先に向かって体を前に倒し、20－30秒間キープする。反対側も同様に行う。
   - カーフストレッチ：壁に手をついて片足を後ろに引き、かかとを床につけたまま前の膝を曲げる。ふくらはぎの筋肉を伸ばすように20－30秒間キープする。
2. 筋力トレーニング
   - スクワット：足を肩幅に開き、膝を曲げて腰を下ろす。膝がつま先より前に出ないように注意しながら、太ももの筋肉を鍛える。
   - プランク：腕立て伏せの姿勢で、肘をついて体を一直線に保つ。腹筋や背筋を鍛えるのに効果的。
3. マッサージ
   - フォームローラー：フォームローラーを使って筋肉をほぐす。特に太ももやふくらはぎなどの大きな筋肉に効果的。
   - セルフマッサージ：手で筋肉を揉みほぐすことで、血流を促進し筋硬度を改善する。

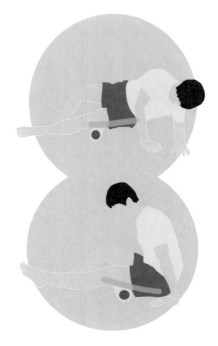

図8．ハムストリングスのストレッチ
引用：もも裏（ハムストリングス）のストレッチ（nobiru-karada.com）

参考文献

1) 福永哲夫　編；筋の科学辞典，朝倉書店，p.430-436，2002.
2) 神林勲，石村宣人，小林和美，佐川正人，武田秀勝；筋酸素動態からみた等尺性掌握運動における筋持久力の男女差，北海道教育大学紀要，54, 1, p.89-96, 2003.
3) 田平一行，関川清一，小林美穂，関川則子，岩城基，河戸誠司，川口浩太郎，稲水惇，森田直樹，大成浄志；慢性閉塞性肺疾患患者における運動筋酸素消費の特徴，理学療法学，第33巻，第5号，p.296-302，2006.
4) 汪立新，吉川貴仁，原丈貴，中雄勇人，鈴木崇士，藤本繁夫；回転数・トルク数の調節が活動筋内の酸素動態およびエネルギー代謝に及ぼす影響，体力科学，54, p.229-236, 2005.
5) 山本克之；近赤外分光法を用いた筋組織酸素動態の計測，顎機能誌，12, p.93-99, 2006.

6）山内克哉，伊藤倫之，美津島隆；トレッドミル歩行時の下腿酸素動態，Jpa. J. Rehabili Med. 45，2，p.124，2008.

7）須藤明治，渡辺剛，角田直也；運動後に行った足浴時の筋血液酸素動態の変化，国士舘大学体育研究所報，第27巻，p.37-43，2009.

8）谷代一哉，坂本孝子，石井友保，鈴川一宏，清田寛，大和眞，中野昭一；膝伸展運動における筋収縮様式—速度が大腿部内側広筋の酸素動態に及ぼす影響について，体力科学，50，p.625-632，2001.

第13章　筋電図

1．筋電図とは

　筋電図は、大脳の運動中枢からの信号が、脊髄、運動神経を通して、筋細胞に伝えられ、細胞膜が脱分極を起こしてカルシウムイオンが移動し筋線維が収縮を始める時、カルシウムイオンの移動に伴って電位が変動して筋電図（EMG）として計測される。

　波形振幅が筋収縮の強さにほぼ比例するといわれている。

　筋電図は、筋線維から発生した個々の活動電位が容積伝導により電極に到達した時点の活動電位を加算（複合活動電位）し、図として表現したものである。

　したがって、筋電図は筋力と同等ではなく、筋が収縮し筋力を発揮しているときに筋活動電位がどの程度どのように発生したか、すなわち運動単位の参加度合いを表現していることとなる。

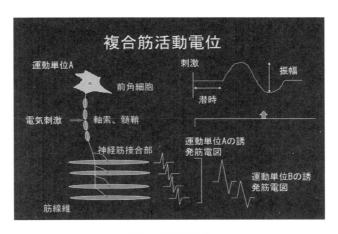

図1．筋活動電位

　徐々に筋力を増加させた場合、筋力の増加とともに筋電図も大きくなっていく。縦軸を振幅と呼び、横軸であらわされている単位時間あたりの筋電図は、筋力の増加と関係する。

　発揮する筋力が弱い場合、収縮する筋線維の数は少なくて済むが、強い筋力が必要な場合、収縮する筋線維の数も増加しなければならない。弱い筋収縮の場合、必要な運動単位数も少なくて済み、強い筋収縮の場合は参加する運動単位の数を増加させなければならな

187

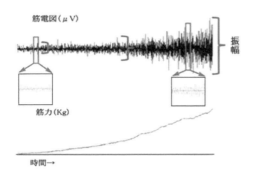
図2．力の増加と筋活動の変化

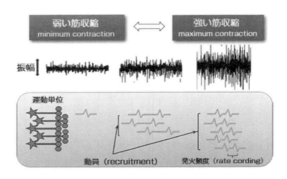
図3．動員と発火頻度による力の調節

い（運動単位の動員）。

　筋電図の特徴は、握力やバイオデックスなどによる筋力評価と異なり、可能な限り個々の筋機能を評価することが可能となる。また、量的のみではなく時間的因子も考慮して評価することができる。

　筋活動開始時間や筋活動のピークまでの到達時間、時間経過に伴う振幅の変化も計測することが可能となる。さらに複数の筋による活動関係も筋電図の得意とする評価である。

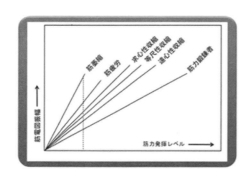
図4．筋の状態と筋電図の大きさ

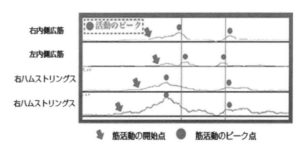
図5．筋活動の時間的因子

2．筋電図の計測例

　成人男性が、クライミングの運動を想定したフィットネスマシーンを用いて運動した際の筋電図とジョギングをした際の筋電図を比較する。

　筋電図の貼付箇所は身体の右側とし、次の8chとした。

　1ch…腓腹筋外側頭
　2ch…内側広筋
　3ch…脊柱起立筋

第13章　筋電図

4 ch…腹直筋
5 ch…三角筋
6 ch…上腕二頭筋
7 ch…上腕三頭筋
8 ch…腕橈骨筋

図6．クライミングフィットネスマシーン

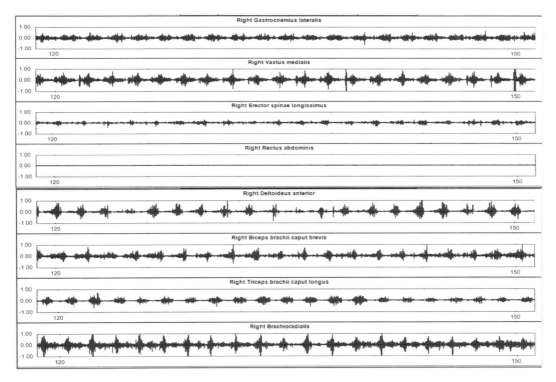

図7．クライミングマシーン運動時の筋活動

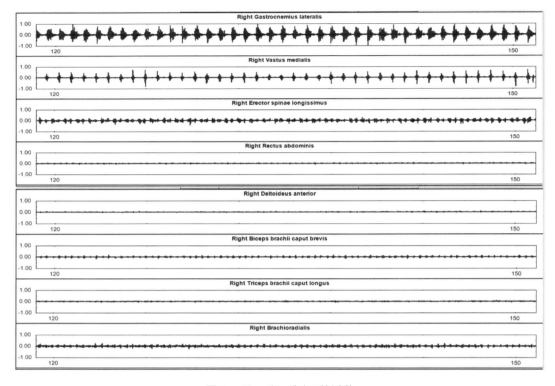

図8．ジョギング時の筋活動

3．針筋電図と表面筋電図

筋電図（Electromyography, EMG）は、筋肉と神経の機能を評価するための診断ツール。具体的には、筋肉の電気活動を記録し、筋肉や神経に関連する異常を検出する。

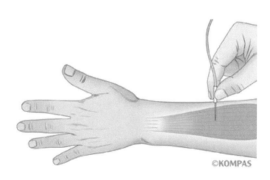

図9．針筋電図

引用：針筋電図｜慶應義塾大学病院 KOMPAS（keio.ac.jp）

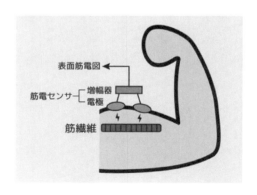

図10．表面筋電図

引用：表面筋電位（EMG）とは｜技術紹介｜（株）ALTs（alts-device.com）

1．針筋電図（Needle EMG）：細い針電極を筋肉に挿入して、筋肉の深部の電気活動を直接記録する。
2．表面筋電図（Surface EMG）：皮膚の上に電極を貼り付け、筋肉の表面近くの電気活動を記録する。

この検査は、筋力低下の原因の特定、神経の損傷や圧迫の評価、筋肉の異常な電気活動の検出などに役立つ。

4．筋電図から得られる情報

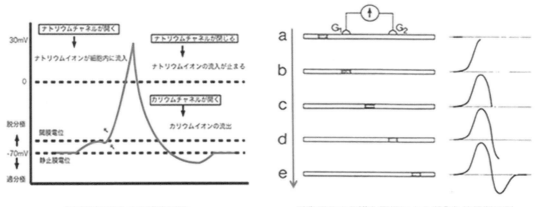

図11．活動電位と筋活動

引用：（3）筋電図から得られる情報｜酒井医療株式会社（sakaimed.co.jp）

5．骨格筋の構造

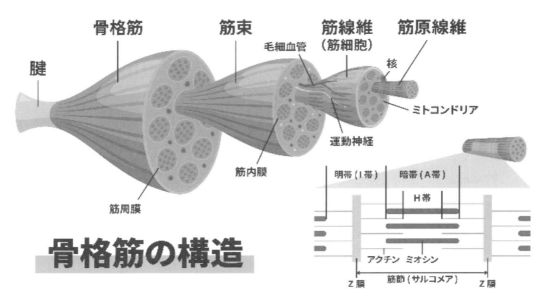

図12．骨格筋の構造

引用：「筋肉×老化」筋肥大と萎縮の新メカニズム、骨格筋の評価に遺伝子検査も有用？｜TL Genomics Inc.

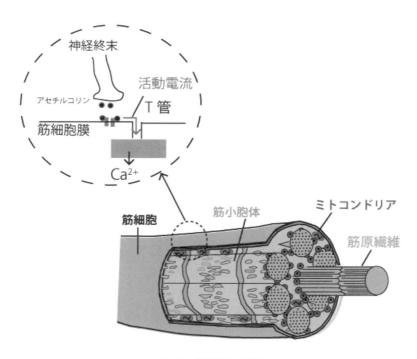

図13．筋細胞とT管

引用：2024年船橋市議会議員 朝倉幹晴公式サイト

第13章　筋電図

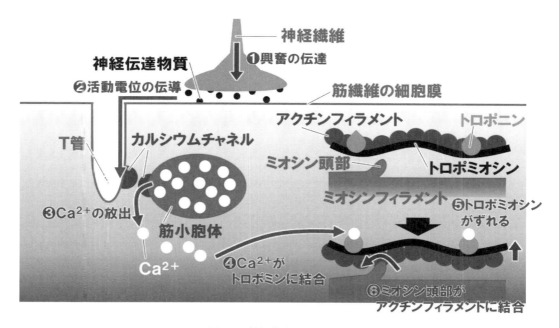

図14. 神経終末から脱分極

引用：骨格筋の構造と筋収縮のメカニズム【運動するときの筋肉】｜福岡市中央区で交通事故治療に特化した「アイズスポーツ整骨院ベイサイド院」

第14章　野球解析

1．ラプソードとは

球速や回転数などが計測できるトラッキングシステム
- メジャー、プロ野球など国内外での技術向上に利用されている
- 速度だけでなく、球の回転数、回転方向、変化量なども把握できる

ピッチングの活用
- 球速、変化量、リリース位置、ジャイロ回転などを計測することができる
  → 球質を知り、ストレートや変化球の球速や質の向上につなげられる

ヒッティングの活用
- 打球速度、打球角度などを計測することができる
  → アウトになりにくい打撃、長打を打つための打撃につなげられる

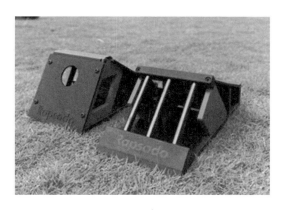

図1．ラプソード

２．測定方法（準備するもの）

【必須内容】
- ラプソード（本体、RCE、モニター）
- iPad（最新のものが理想）

【その他準備物】
- 三脚
- バッテリー（ドラム型、外付けなど）
- テント（機器の高熱対策）
- 置きＴ（バッティング用）

３．ピッチング測定の項目

　ピッチングの測定では、球速に加え、回転数、回転方向、縦と横の変化量、リリースポイントなどを計測することができる。

　測定できる項目の中でも、ボールの変化に影響する項目や打者に影響を与える項目などに分かれ、測定項目について広く注目する必要がある。

※測定画面が最新ver.と異なる場合があります

図２．ピッチング測定の項目

4．ストレートの変化量からみるタイプ分け

　ストレートの投球数値より、縦と横の変化量からストレートのタイプ分けをすることが可能である。各タイプにより、相性の良い球種などもあり、タイプを知ることも重要である。

　どのタイプが良いということはなく、それぞれのタイプを理解することが大切である。

右投手	横の変化量 15cm	25cm	シュート系
	伸びスラ系 縦47cm以上 横14cm以下	伸び系 縦47cm以上 横15～25cm	伸びシュート系 縦47cm以上 横26cm以上
47cm 縦の変化量	真っスラ系 縦38～46cm以上 横14cm以下	標準系 縦38～46cm 横15～25cm	標準シュート系 縦38～46cm 横26cm以上
38cm	垂れスラ系 縦37cm以下 横14cm以下	垂れ系 縦37cm以下 横15～25cm	垂れシュート系 縦37cm以下 横26cm以上
0cm			

図3．ストレートの変化量から見たタイプ分け（右投手）

5．ラプソードから得られる3Dイメージ

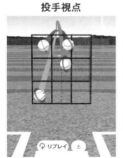
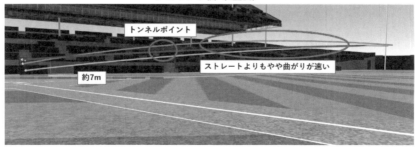

図4．ピッチングの3Dイメージ画像

6．ヒッティング測定の項目

　ヒッティングの項目には、打球速度、回転方向、飛距離、打球方向などがあり、インパクト後の打球のデータを計測することが可能である。
　インパクトまでのバット速度などについては、後述のブラストを用いることで計測できる。

図5．ヒッティング測定の項目

7．ブラスト測定

　ラプソードでは、インパクト後の打球のデータを計測できるが、ブラストを用いることでインパクトまでのスイングの情報を計測することができる。
　ブラストでは、主にバット速度、パワー、体の回転によるバットの加速の大きさなどを計測することができ、測定時に3Dでのスイング軌道を見ることも可能である。

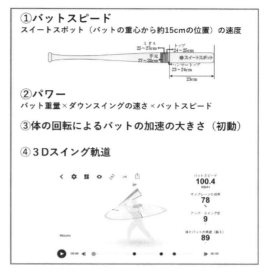

図6．ブラスト測定の項目

8．飛距離に及ぼす打球速度

打球速度を決定づける要因には以下のような要素が挙げられる。
・ボールの反発係数
・投球速度
・バットの形状
・スイング速度
・インパクト位置

この決定要因の中でも、スイング速度とインパクト位置は特に重要とされている。

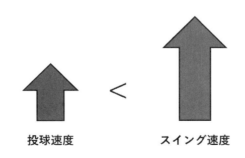

図7．打球速度に及ぼすスイング速度の影響

投球速度の反発よりも、スイング速度を向上させるほうが、打球速度に大きく貢献することが明らかになっている。

９．打球速度と打球角度からみた推定飛距離（木製バット）

打球の飛距離は打球速度と打球角度から推定することができ、長打を打つためには高い打球速度と30°前後の角度が必要になる。

打球速度が高くなるにつれ、打球角度の範囲は広がり、長打の可能性が高くなる。

表１．打球速度と打球角度からみた推定飛距離（木製バット）

打球速度と打球角度からみた推定飛距離（木製バット）

推定飛距離（m）		打球角度（°）					
		10	15	20	25	30	35
打球速度 （km/h）	100	31	41	53	60	62	60
	110	38	52	64	73	76	75
	120	44	64	76	82	88	85
	130	53	76	88	95	96	93
	140	58	85	97	102	106	102
	150	66	97	111	120	117	114
	160	80	107	120	130	127	123
	170	84	113	127	136	138	130
	180	90	119	135	141	140	135
	190	94	124	140	148	144	140

※MLBの約113000からの推定
※回転数、風速、気温などの影響もあり

10．球速に対するタイミング

ピッチャーがリリースしてから、インパクトまでの時間の影響の要素に、投球速度、バット速度などの時間的な要因がある。

球速が速いほど、打者はタイミングをとりにくくなる。一方で、バット速度が速くなることで、タイミングをとりやすくなる。

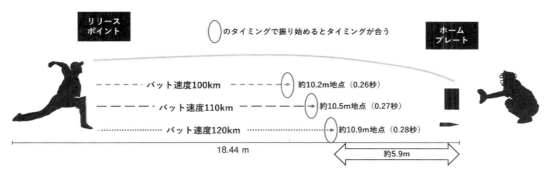

図8．球速140km/hに対するタイミング

株式会社Noble Action

11．芯で捉える重要性

バッティングにおいて、打球速度を出すためには、スイング速度も重要な要素であるが、バットの芯で捉えることも重要な要素とされている。

芯から、1cmずれることで、約6.4km/h打球速度が遅くなるとされ、いかにミートするかが求められる。

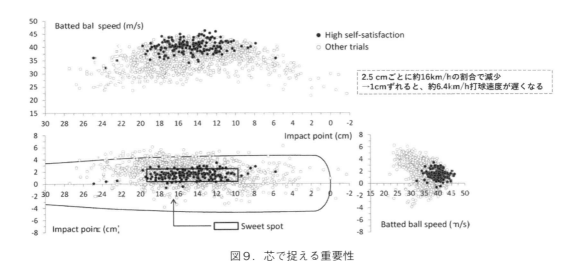

図9．芯で捉える重要性

引用：野球における打ち損じた際のインパクトの特徴　城所収二、矢内利政　バイオメカニクス研究　21(2)、p52-64、2017

12. 身体組成とパフォーマンス

　野球のパフォーマンスにおいて、打球速度や投球速度を上げるためのトレーニングなどが重要になる。近年、体重に加えて、除脂肪量を特に向上させることが注目され、除脂肪量指数と呼ばれる、身長に対する体重に対して、除脂肪量がどの程度あるかを示す指数を高めることが必須となっている。

　除脂肪量指数を21以上にすることで、打球と投球ともに140kmを超える体格であることが明らかになっているため、技術練習に加えて、食事やトレーニングが重要である。

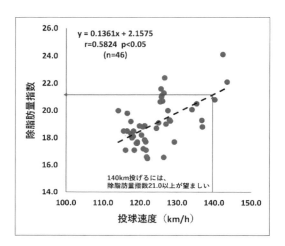 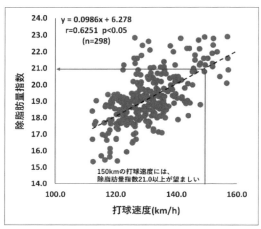

※筋肉量が多いほど、球速や打球速度が速くなりやすい
※除脂肪量指数21.0の例…BMI24.0以上、体脂肪率12%以下

図10. 除脂肪量指数とパフォーマンス

株式会社 Noble Action

第15章　統計処理

1．t検定とは

　t検定（t-test）は、統計学で使用される仮説検定の一種。主に2つのグループの平均値に有意な差があるかどうかを評価するために用いられる。

1．仮説の設定
- ・帰無仮説（H0）：2つのグループの平均値に差がない。
- ・対立仮説（H1）：2つのグループの平均値に差がある。

2．t値の計算
- ・t値は、標本の平均値の差を標本のばらつきで調整したもの。

3．自由度の考慮
- ・自由度は標本サイズに依存し、サンプルサイズが大きいほど自由度が増える。

4．t分布表の利用
- ・計算されたt値と自由度をもとに、t分布表を用いてp値を求める。

5．結果の判断
- ・p値が事前に設定した有意水準（通常は0.05）よりも小さい場合、帰無仮説を棄却し、対立仮説を採択する。

t検定の種類
- ・対応のあるt検定：同じ被験者が2つの条件でテストされる場合に使用される。
- ・対応のないt検定：異なる被験者グループ間の平均値を比較する場合に使用される。

引用：統計の中でも最重要分野のひとつ、t検定について徹底解説！｜Udemy メディア（benesse.co.jp）

２．Excel でのt検定

名前					
学籍番号			握力の測定		
日付				A小学校	B小学校
			①	24.5	35.6
			②	25.6	35.0
			③	26.8	27.9
			④	23.0	36.0
			⑤	26.4	26.8
			⑥	28.9	35.0
			⑦	30.2	31.0
			⑧	31.5	33.0
			⑨	36.0	37.0
			⑩	37.5	39.5
			平均値		
			標準偏差		

・文字・記号・数値を直接記入する。

・数字を入れたら、小数点を第1位に揃える。

・握力の測定の表について、全て「中央揃え」にする。

握力の測定		
	A小学校	B小学校
①	24.5	35.6
②	25.6	35.0
③	26.8	27.9
④	23.0	36.0
⑤	26.4	26.8
⑥	28.9	35.0
⑦	30.2	31.0
⑧	31.5	33.0
⑨	36.0	37.0
⑩	37.5	39.5
平均値	29.0	33.7
標準偏差	4.8	4.0

・セルの書式設定から「罫線」を選び表の枠を整える。

・平均値は、「FX」から「AVERAGE」を選び算出する。

・標準偏差は、「FX」から「STDEV」を選び算出する。

第15章　統計処理

・平均値を選ぶ。
・「挿入」を選び、「棒グラフの挿入」を選ぶ。
・棒グラフをつくる。
・「グラフタイトル」を「握力の測定」と変える。
・横線を消す。
・下の1.2を消し、「A小学校」「B小学校」を入れる。
・「挿入」から「テキストボックス」
・「横書き」で書き込む。

握力の測定

	A小学校	B小学校
①	24.5	35.6
②	25.6	35.0
③	26.8	27.9
④	23.0	36.0
⑤	26.4	26.8
⑥	28.9	35.0
⑦	30.2	31.0
⑧	31.5	33.0
⑨	36.0	37.0
⑩	37.5	39.5
平均値	29.0	33.7
標準偏差	4.8	4.0

・棒グラフ内で右クリック。
・右上の緑の＋をクリック。
・誤差範囲をクリック。
・その他のオプションをクリック。
・右側の誤差範囲の書式設定から
・正方向 ユーザー設定、「値の指定」から「標準偏差」を選択、「ENTER」
・アスタリスク「*」は「挿入」から
・「テキストボックスの横書き」で書き込む。
・線は、「挿入」から「図形」で「線」を選択。

握力の測定

	A小学校	B小学校
①	24.5	35.6
②	25.6	35.0
③	26.8	27.9
④	23.0	36.0
⑤	26.4	26.8
⑥	28.9	35.0
⑦	30.2	31.0
⑧	31.5	33.0
⑨	36.0	37.0
⑩	37.5	39.5
平均値	29.0	33.7
標準偏差	4.8	4.0

・T-testは、FXからT-testを選択、配列1をA小学校、配列2をB小学校を選択する。

・検定の指定は、片側検定なら「1」を両側検定なら「2」を選択する。

・検定の種類は、今回は「対応がない」ので「2」を選択する。

名前									
学籍番号		握力の測定							
日付			A小学校	B小学校	握力の測定 (p<0.05)			= AVERAGE（E4：E13）	
		①	24.5	35.6				= AVERAGE（F4：F13）	
		②	25.6	35.0				= STDEV（E4：E13）	
		③	26.8	27.9				= STDEV（F4：F13）	
		④	23.0	36.0				= TTEST（E4：E13,F4：F13,1,2）	
		⑤	26.4	26.8				= TTEST（E4：E13,F4：F13,2,2）	
		⑥	28.9	35.0					
		⑦	30.2	31.0					
		⑧	31.5	33.0					
		⑨	36.0	37.0					
		⑩	37.5	39.5					
		平均値	29.0	33.7					
		標準偏差	4.8	4.0					
		p 値							
	t-test	0.015535	（片側検定）	1	対応がない	2	(p<0.05)		
		0.031070	（両側検定）	2	対応がない	2	(p<0.05)		
	df	10＋10－2	18		t =	2.101	(p<0.05)		
	握力においてB小学校がA小学校より統計上有意に高値を示した（p<0.05）。								

3．相関関係とは

相関関係とは、2つの事柄が関わり合う関係のことを指す。

特に統計学では、一方の数値が増加すると、もう一方の数値が減少または増加する関係を指す。例えば、雨が降れば、その地域の川の水量は増加する。このように一方が増えると、もう一方も増える状態を正の相関関係という。

逆に、地球全体の気温が上がれば、北極や南極の氷の量は減る。このように一方が増えるともう一方が減少する状態を負の相関関係という。

ただし、相関関係だけでは2つの事象に因果関係があるとは判断できない。因果関係を証明するには、相関関係を示した上で、別の方法で因果を証明する必要がある。

相関関係の強さは相関係数で測る。相関係数は、－1から1の範囲で表され、0.7以上はかなり強い相関があるとされる。

引用：初心者でもわかる！やさしい統計用語①「相関関係」| データで越境者に寄り添うメディア データのじかん
　　　（wingarc.com）

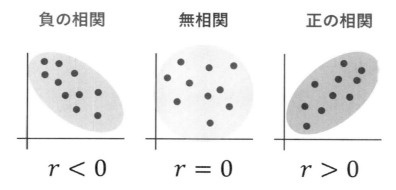

図1．正の相関と負の相関

相関係数を r とすると
| r | : 0.7～1 …強い相関がある
| r | : 0.4～0.7…やや相関がある
| r | : 0.2～0.4…弱い相関がある
| r | : 0 ～0.2…相関はほとんどない

図2．相関係数rと相関の強さ

引用：【3分で分かる！】相関係数の求め方・問題の解き方をわかりやすく－合格サプリ（gousaku-suppli.com）

4．Excelでの相関関係

・文字・記号・数値を直接記入する。
・数字を入れたら、小数点を第1位に揃える。
・測定の表について、全て「中央揃え」にする。

	体重	垂直跳び	立ち幅跳び
①	53.6	38.0	200.0
②	54.6	37.0	190.0
③	55.6	36.0	185.0
④	56.8	35.0	175.0
⑤	57.8	34.0	150.0
⑥	60.5	33.0	145.0
⑦	65.0	28.5	140.0
⑧	69.0	24.0	120.0
⑨	70.0	20.0	100.0
⑩	71.0	20.0	98.0
平均値			
標準偏差			

	日時				
	氏名				
	学籍		体重	垂直跳び	立ち幅跳び
		①	53.6	38.0	200.0
		②	54.6	37.0	190.0
		③	55.6	36.0	185.0
		④	56.8	35.0	175.0
		⑤	57.8	34.0	150.0
		⑥	60.5	33.0	145.0
		⑦	65.0	28.5	140.0
		⑧	69.0	24.0	120.0
		⑨	70.0	20.0	100.0
		⑩	71.0	20.0	98.0
		平均値	61.4	30.6	150.3
		標準偏差	6.8	6.9	36.8

- セルの書式設定から「罫線」を選び表の枠を整える。
- 平均値は、「FX」から「AVERAGE」を選び算出する。
- 標準偏差は、「FX」から「STDEV」を選び算出する。

- 「体重」と「垂直飛び」のデータを選択する。「挿入」から「散布図」を選択する。
- 点にカーソルを合わせ、「クリック」反転する。「緑の＋」を押し、「近似曲線」＋「その他のオプション」
- ＋「近似曲線の書式設定」＋「線形近似」＋「グラフに数式を表示する」＋「グラフにR－2乗値を表示する」。
- R^2は、「FX」から「SQRT」でr値を算出する。

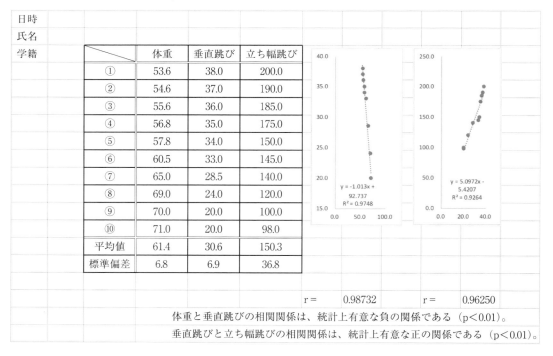

体重と垂直跳びの相関関係は、統計上有意な負の関係である（p＜0.01）。
垂直跳びと立ち幅跳びの相関関係は、統計上有意な正の関係である（p＜0.01）。

終　章
体力測定評価実践

課題1　自分の身長成長速度曲線の作成

提出年月日　　年　　　月　　　日
授業日　　　　曜日　　　限目
氏名
学籍番号

①主な運動履歴

	主な競技種目	主な競技成績
幼稚園・保育園など（0～6歳）		
小学生 低学年（1年生～3年生まで）		
小学生 高学年（4年生～6年生まで）		
中学生		
高校生		
大学生		

②身長とその差の記録

	身長	差	体重		身長	差	体重
0歳				11歳			
1歳				12歳			
2歳				13歳			
3歳				14歳			
4歳				15歳			
5歳				16歳			
6歳				17歳			
7歳				18歳			
8歳				19歳			
9歳				20歳			
10歳							

単位　身長; cm（小数点第1まで），体重; kg（小数点第1まで）

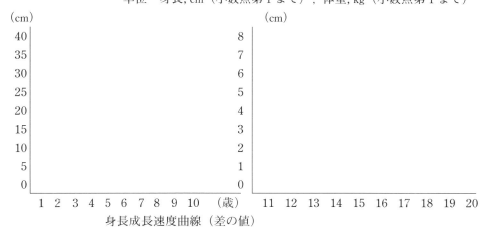

身長成長速度曲線（差の値）

（TOA, PHA, FHA を記入すること）

課題2　皮脂厚を用いた身体密度及び体脂肪率の推定

提出年月日　　　年　　　月　　　日

授業日　　　　　曜日　　　限目

氏名　＿＿＿＿＿＿＿＿＿＿＿＿＿＿

学籍番号　＿＿＿＿＿＿＿＿＿＿＿＿

◎皮下脂肪厚

	1回目	2回目	3回目	中央値
上腕背部				
肩甲骨下部				

上腕背部　＋　肩甲骨下部　＝　　①＿＿＿＿＿＿＿mm

（計測単位は、ミリメートルとし、小数点第2位以下は四捨五入、第1位までとする。）

◎皮脂厚を用いた身体密度の推定（長峰、鈴木の式）（小数点第5位以下は四捨五入）

男性の身体密度　＝　1.0913　－　0.00116　×　①　＝　　②＿＿＿＿＿＿

女性の身体密度　＝　1.0897　－　0.00133　×　①　＝　　②＿＿＿＿＿＿

◎体脂肪率の推定（ブローゼクらの式）（小数点第2位を四捨五入）

体脂肪率　＝　｜4.570÷②－4.142｜×100　＝　　③＿＿＿＿＿＿％

◎皮脂厚からの肥満判定基準

性別	年齢	皮脂厚①	体脂肪率③	判定(p.24,表5)

◎測定時の反省点

課題3　健康について①

提出年月日	年　　月　　日	
授業日	曜日　　限目	
氏名		
学籍番号		

下記の用語について調べよ。

1）COPD〔慢性閉塞性肺疾患〕

課題3　健康について②

氏名　　　　　　　　　　　　　　　

学籍番号　　　　　　　　　　　　　

日付　　　　　　　　　　　　　　　

下記の用語について調べよ。

2）ロコモティブシンドローム

課題3　健康について③

氏名　_____

学籍番号　_____

日付　_____

　下記の用語について調べよ。

　3）フレイル

課題3　健康について④

氏名 _____

学籍番号 _____

日付 _____

下記の用語について調べよ。

4）サルコペニア

課題３　健康について⑤

氏名 _____

学籍番号 _____

日付 _____

　下記の用語について調べよ。

５）メタボリックシンドローム

課題4　心拍数について①

氏名 _____

学籍番号 _____

日付 _____

　座位、立位、背臥位で心拍数がなぜ異なるのか。その理由について考えを記述せよ。

課題4　心拍数について②

氏名 _____

学籍番号 _____

日付 _____

　眼球圧迫による心拍数の低下はなぜ起こるのか。調べて記述せよ。

課題5　血圧について①

氏名 _____

学籍番号 _____

日付 _____

1）なぜ姿勢によって血圧が変化するのか。その理由について考えを記述せよ。

課題5　血圧について②

氏名　

学籍番号　

日付　

2）血圧を下げる方法について、調べて記述せよ。

課題5　血圧について③

氏名　　　　　　　　　　　　　　

学籍番号　　　　　　　　　　　　

日付　　　　　　　　　　　　　　

３）有酸素性運動と高血圧の関係について記述せよ。

課題6　体の適応について①

氏名　　　　　　　　　　　　　　

学籍番号　　　　　　　　　　　　

日付　　　　　　　　　　　　　　

以下の内容について、調べて記述せよ。

1）心房性ナトリウム利尿ペプチド

課題6　体の適応について②

氏名 _____

学籍番号 _____

日付 _____

以下の内容について、調べて記述せよ。

2）レニン－アンギオテンシン

課題6　体の適応について③

氏名 _____

学籍番号 _____

日付 _____

以下の内容について、調べて記述せよ。

3）静脈圧迫作用

課題6　体の適応について④

氏名

学籍番号

日付

以下の内容について、調べて記述せよ。

4）ミルキングアクション

課題6　体の適応について⑤

氏名

学籍番号

日付

以下の内容について、調べて記述せよ。

5）スポーツ心臓

課題7　発育発達①

氏名　＿＿＿＿＿＿＿＿＿＿＿＿＿＿

学籍番号　＿＿＿＿＿＿＿＿＿＿＿

日付　＿＿＿＿＿＿＿＿＿＿＿＿＿＿

以下の内容について、調べて記述せよ。

1）カウプ指数、ローレル指数

課題7　発育発達②

氏名　＿＿＿＿＿＿＿＿＿＿＿＿＿

学籍番号　＿＿＿＿＿＿＿＿＿＿＿

日付　＿＿＿＿＿＿＿＿＿＿＿＿＿

以下の内容について、調べて記述せよ。

２）ノギス

課題7　発育発達③

氏名　＿＿＿＿＿＿＿＿＿＿＿＿＿＿＿

学籍番号　＿＿＿＿＿＿＿＿＿＿＿＿＿

日付　＿＿＿＿＿＿＿＿＿＿＿＿＿＿＿

以下の内容について、調べて記述せよ。

3）スキャモンの発育曲線

課題 7　発育発達④

氏名　＿＿＿＿＿＿＿＿＿＿＿＿＿＿＿

学籍番号　＿＿＿＿＿＿＿＿＿＿＿＿＿

日付　＿＿＿＿＿＿＿＿＿＿＿＿＿＿＿

以下の内容について、調べて記述せよ。

4 ）身長成長速度曲線

課題8　形態計測

氏名 ＿＿＿＿＿＿＿＿＿＿＿＿＿＿＿

学籍番号 ＿＿＿＿＿＿＿＿＿＿＿＿＿

日付 ＿＿＿＿＿＿＿＿＿＿＿＿＿＿＿

体幹部、四肢の長さを計測し、下記の課題に回答せよ。

1．体幹部の周囲径	
胸囲	cm
胴囲	cm

2．四肢の長さ		
計測部位	右	左
上腕長	cm	cm
前腕長	cm	cm
手長	cm	cm
上肢長	cm	cm
大腿長	cm	cm
下腿長	cm	cm
下肢長	cm	cm

四肢の長さを測定することの重要性について考えを述べよ。

（自分の競技特性についても考慮する）

課題9　コーディネーション能力①

氏名　_____

学籍番号　_____

日付　_____

1）7つのコーディネーション能力を説明せよ。

課題9　コーディネーション能力②

氏名

学籍番号

日付

2）コーディネーショントレーニングの留意点を説明せよ。

課題10　新体力テストの実施要項①

氏名 _____

学籍番号 _____

日付 _____

　下記、新体力テストについて、測定方法と注意事項をまとめよ。

　1）握力

課題10　新体力テストの実施要項②

氏名

学籍番号

日付

下記、新体力テストについて、測定方法と注意事項をまとめよ。

2）上体起こし

課題10　新体力テストの実施要項③

氏名

学籍番号

日付

　下記、新体力テストについて、測定方法と注意事項をまとめよ。

　3）長座体前屈

課題10　新体力テストの実施要項④

氏名

学籍番号

日付

下記、新体力テストについて、測定方法と注意事項をまとめよ。

4）反復横跳び

課題10　新体力テストの実施要項⑤

氏名

学籍番号

日付

　下記、新体力テストについて、測定方法と注意事項をまとめよ。

　5）20mシャトルラン

課題10　新体力テストの実施要項⑥

氏名

学籍番号

日付

下記、新体力テストについて、測定方法と注意事項をまとめよ。

6）50m走

課題10　新体力テストの実施要項⑦

氏名

学籍番号

日付

　下記、新体力テストについて、測定方法と注意事項をまとめよ。

　7）立ち幅跳び

課題10　新体力テストの実施要項⑧

氏名

学籍番号

日付

　下記、新体力テストについて、測定方法と注意事項をまとめよ。

　8）ソフト（ハンド）ボール投げ

課題10　新体力テストの実施要項⑨

氏名　　　　　　　　　　　　　　　　

学籍番号　　　　　　　　　　　　　　

日付　　　　　　　　　　　　　　　　

　自分の握力を計測し、その値を記入し、握力の記録および評価を求めよ。

課題10　新体力テストの実施要項⑩

氏名 _____

学籍番号 _____

日付 _____

　握力および長座体前屈を計測し、P.59の評価表を用いて、19歳として評価せよ（総合得点、総合評価）

	男	女	得点
①握力（平均値）	個人記録	個人記録	
②上体起こし	25回	20回	
③長座体前屈	個人記録	個人記録	
④反復横跳び	55点	45点	
⑤20mシャトルラン	90回	60回	
⑥50m走	7.5秒	9.2秒	
⑦立ち幅跳び	235cm	160cm	
⑧ボール投げ	25m	15m	

課題10　新体力テストの実施要項⑪－1

氏名　　　　　　　　　　
学籍番号　　　　　　　　
日付　　　　　　　　　　

下記のような図を作成し、自らの記録を図式化せよ。

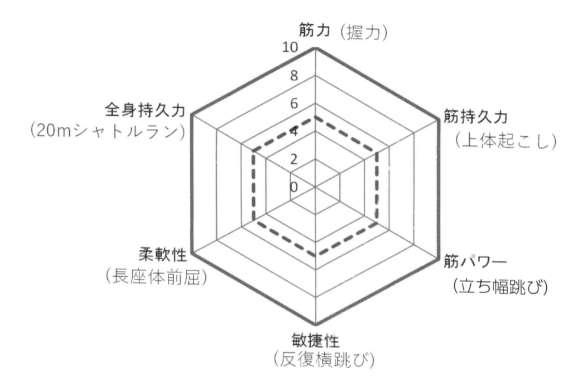

課題10　新体力テストの実施要項⑪－2

氏名　　　　　　　　　　　　　　

学籍番号　　　　　　　　　　　　

日付　　　　　　　　　　　　　　

1）前頁の人の体力の特徴を述べよ。

2）その体力を改善するプログラムについて、具体的に述べよ。

課題11　足把持力

氏名　　　　　　　　　　　　　　　

学籍番号　　　　　　　　　　　　　

日付　　　　　　　　　　　　　　　

　足把持力を測定し、記録を評価せよ。また、足把持力の高齢者への意義について説明せよ。

利き足の足把持力＿＿＿＿kg　平均値との比較　　高値or低値

課題12　スタビリティー

氏名 _____

学籍番号 _____

日付 _____

　スタビリティーを測定し、記録を評価せよ。また、バランス能力の高齢者の重要性について説明せよ。

> 閉眼_____秒　評価_____　ファンクショナルリーチテスト
>
> 開眼_____秒　評価_____　_____cm　評価_____

課題13　血流、筋硬度

氏名 _____

学籍番号 _____

日付 _____

　血流と筋硬度に記録を評価せよ。また、血流と筋硬度の関係を記述せよ。

肩部	血流	平均値より高いか低いか
	筋硬度	平均値より高いか低いか

課題14　野球解析（ピッチング）

氏名　＿＿＿＿＿＿＿＿＿＿＿＿＿＿＿＿

学籍番号　＿＿＿＿＿＿＿＿＿＿＿＿＿

日付　＿＿＿＿＿＿＿＿＿＿＿＿＿＿＿＿

　ピッチングの記録を記述し、測定することでどのような評価ができるか説明せよ。また、トラッキングデータを測定する意義について説明せよ。

球種	球速 (km/h)	回転数 (rpm)	回転効率 (%)	回転方向 (時：分)	縦の変化量 (cm)	横の変化量 (cm)

課題14　野球解析（ヒッティング）

氏名　　　　　　　　　　　　　　　　　

学籍番号　　　　　　　　　　　　　　　

日付　　　　　　　　　　　　　　　　　

　ヒッティングの記録を記述し、測定することでどのような評価ができるか説明せよ。また、トラッキングデータを測定する意義について説明せよ。

打撃条件	打球速度 (km/h)	打球角度 (°)	飛距離 (m)	バット速度 (km/h)	捻転力※ (G)	パワー (kW)

課題15　歩数計①

氏名　　　　　　　　　　　　　　　　

学籍番号　　　　　　　　　　　　　　

日付　　　　　　　　　　　　　　　　

　下記の一週間の歩数とカロリー等を記録し、自らの歩数や生活についての振り返りを記述せよ。

日付	曜日	歩数	消費カロリー	備考（出来事）
/				
/				
/				
/				
/				
/				
/				
平均値				

　一週間の摂取カロリーについて、調べて記述せよ。

日付	曜日	摂取カロリー	食事内容
/			
/			
/			
/			
/			
/			
/			
平均値		.	

課題15　歩数計②

氏名 _____

学籍番号 _____

日付 _____

　前頁の歩数、消費カロリー、食事内容等を考慮し、歩数や生活の改善について考えを記述せよ。

課題16 自転車エルゴメーターによる推定最大酸素摂取量の測定

提出年月日	年	月	日
授業日	曜日	限目	
氏名			
学籍番号			

　自転車エルゴメーターを用い、最大運動下による間接法によって最大酸素摂取量を推定する。

（1）測定方法
① 安静時心拍数を1分間測定する。
② 運動時間は各ステージ3分間とし、ペダルの回転数は50回転（rpm）にする。
③ 最初の負荷を25wattsにする。
④ 第1ステージ終了時の心拍数により、第2ステージの運動負荷を決定する。
　　80拍／分以下の場合、第2ステージの運動負荷は125watts。
　　80～89拍／分の場合、第2ステージの運動負荷は100watts。
　　90～100拍／分の場合、第2ステージの運動負荷は75watts。
　　100拍／分以上の場合、第2ステージの運動負荷は50watts。
⑤ 第3、第4ステージは下記の表に従う。ただし、第4ステージは推定最高心拍数の80%を超えない場合のみ実施すること。

表4－1　YMCA自転車エルゴメーターテストプロトコール

第1ステージ
25W
150kgm
0.5kp

80≦HR<90　　90≦HR<100

第2ステージ

| 125W 750kgm 2.5kp | 100W 600kgm 2.0kp | 75W 450kgm 1.5kp | 50W 300kgm 1.0kp |

第3ステージ

| 150W 900kgm 2.5kp | 125W 750kgm 2.5kp | 100W 600kgm 2.0kp | 75W 450kgm 1.5kp |

第4ステージ

| 175W 1050kgm 3.5kp | 150W 900kgm 3.0kp | 125W 750kgm 2.5kp | 100W 600kgm 2.0kp |

(Golding IA, Myers CR and Sinning WE (eds.)：Y s Way to Physical Fitness, 3rd Ed, Champaign, IL：Human Kinetics Publishers, 1989.)

自転車エルゴメーターテストの記録

	負荷（watt）		心拍数　拍／分	
安静時	0	W		拍／分
第1ステージ		W	3分後	拍／分
第2ステージ		W	6分後	拍／分
第3ステージ		W	9分後	拍／分
第4ステージ		W	12分後	拍／分

（2）推定最大酸素摂取量の算出
① 心拍数と負荷量の関係図を作成する（心拍数（Y）と負荷量（X）の1次回帰直線を求める。）

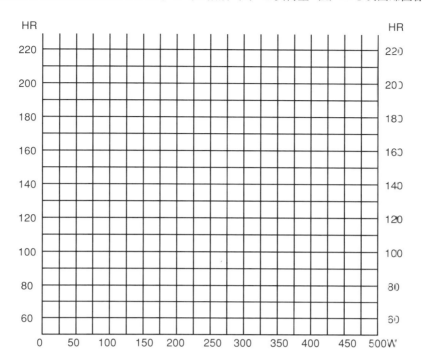

② 自己の推定最大心拍数（Y）を代入し、1次回帰直線から最大負荷量（X）を推定する。

　手順　1　推定最大心拍数を求める。
　　　　　　推定最大心拍数 ＝ 200 － 年齢
　　　　　　　　　　　　　 ＝ ＿＿＿＿＿＿＿

　手順　2　1 watt ＝ 6 kg・m より、最大負荷量（watt）を kg・m の単位に変換する。
　　　　　　最大負荷量（kg・m）＝ 6 kg・m × ＿＿＿＿＿＿＿watt

　　　　　　　　　　　　　　　 ＝ ＿＿＿＿＿＿＿kg・m

③ 最大負荷量を次式に代入し、最大酸素摂取量を算出する。
　最大酸素摂取量（ml／分）＝
　　｛②で求めた最大負荷量×2（ml／kg・m）｝＋｛3.5（ml／kg／分）× 体重＿＿＿＿＿＿kg｝

　　　　　　　　　　　　　＝ ＿＿＿＿＿＿＿ml／分

　　※3.5（ml／kg／分）＝ 安静時酸素摂取量

④ ③で求めた最大酸素摂取量を体重1 kg 当たりに変換する。
　最大酸素摂取量（ml／kg／分）＝ ③で求めた＿＿＿＿＿＿＿ml／分 ÷ 体重

　　　　　　　　　　　　　　＝ ＿＿＿＿＿＿＿ml／kg／分）

課題17　統計－1

提出年月日	年　　　月　　　日
授業日	曜日　　　限目
氏名	
学籍番号	

◎平均値と標準偏差(Means±S.D.)

	測定値	測定値－平均値	(測定値－平均値)^2
①			
②			
③			
④			
⑤			
⑥			
⑦			
⑧			
⑨			
⑩			
		合計	

平均値　；

$$標準偏差＝\sqrt{\frac{(測定値－平均値)^2の和}{データの数－1}}$$

$$＝$$

(小数点第2位を四捨五入)

尚　S.D.$=\sqrt{\dfrac{\Sigma(d-a)^2}{n}}$ の式も計算して（$n-1$）との比較をしてみること。

256

課題18　最大酸素摂取量の推定

提出年月日　　　年　　　月　　　日

授業日　　　　　曜日　　限目

氏名

学籍番号

◎最大酸素摂取量の推定

最大心拍数＝220－年齢		

男子　HRmax＝209－0.69（年齢）		

女子　HRmax＝205－0.75（年齢）	Y	

75%HRmax		

X	300kpm／m	y	

X	600kpm／m	y	

y＝aX＋b	a	

①‥‥ | Y＝　　X$_1$＋ | b | |

Yを①に代入	X$_1$	

最大酸素摂取量(l/min)

0.002325 X$_1$ ＋ 0.17	

体重		kg	$\dot{V}O_{2max}$		(ml/kg/min)

20代　普通　男性　37～47	20代　普通　女性　34～39

課題19　安静時血圧・脈圧・平均血圧

提出年月日	年　　　月　　　日
授業日	曜日　　限目
氏名	
学籍番号	

◎安静時血圧

① 座位時　収縮期血圧　[　　　　　　　　　　] mmHg

② 座位時　拡張期血圧　[　　　　　　　　　　] mmHg

③ 脈圧　　　　計算式　[　　　　　　　　　　]

[　　　　　　　　　　] mｍHg

④ 平均血圧　　計算式　[　　　　　　　　　　]

[　　　　　　　　　　] mmHg

脈圧＝（収縮期血圧－拡張期血圧）　　　　　50前後目安

平均血圧＝拡張期血圧＋（収縮期血圧－拡張期血圧）÷3

110以上要警戒

脈圧と平均血圧値は、必ずノートに自分の値を書き写した後に提出すること。

課題20　統計－2

提出年月日　　　年　　　月　　　日
授業日　　　　　曜日　　　限目
氏名
学籍番号

◎1標本t 検定（関連2群の差の検定）

			d	$d - \bar{d}$	$(d - \bar{d})^2$
①					
②					
③					
④					
⑤					
⑥					
⑦					
⑧					
⑨					
⑩					
合計					

差の平均値（$\bar{d}$）；

$$標本標準偏差 (Sd) = \sqrt{\frac{\Sigma (d - \bar{d})^2}{n - 1}} = \boxed{}$$

$$t = \frac{\bar{d} - 0}{\frac{Sd}{\sqrt{n}}} = \boxed{} \qquad \boxed{p <}$$

（小数点第3位を四捨五入）

t 分布表（両側確率）

		$P=0.10$	0.05	0.02	0.01	0.005	0.002	0.001
df=	1	6.314	12.706	31.820	63.655	127.311	318.250	636.392
	2	2.920	4.303	6.965	9.925	14.089	22.327	31.599
	3	2.353	3.182	4.541	5.841	7.453	10.214	12.923
	4	2.132	2.776	3.747	4.604	5.598	7.173	8.610
	5	2.015	2.571	3.365	4.032	4.773	5.894	6.869
	6	1.943	2.447	3.143	3.707	4.317	5.208	5.959
	7	1.895	2.365	2.998	3.500	4.029	4.785	5.408
	8	1.860	2.306	2.896	3.355	3.833	4.501	5.041
	9	1.833	2.262	2.821	3.250	3.690	4.297	4.781
	10	1.812	2.228	2.764	3.169	3.581	4.144	4.587
	11	1.796	2.201	2.718	3.106	3.497	4.025	4.437
	12	1.782	2.179	2.681	3.055	3.428	3.930	4.318
	13	1.771	2.160	2.650	3.012	3.373	3.852	4.221
	14	1.761	2.145	2.624	2.977	3.326	3.787	4.140
	15	1.753	2.131	2.603	2.947	3.286	3.733	4.073
	16	1.746	2.120	2.583	2.921	3.252	3.686	4.015
	17	1.740	2.110	2.567	2.898	3.223	3.646	3.966
	18	1.734	2.101	2.552	2.878	3.197	3.610	3.922
	19	1.729	2.093	2.540	2.861	3.174	3.580	3.884
	20	1.725	2.086	2.528	2.845	3.153	3.552	3.850
	21	1.721	2.080	2.518	2.831	3.135	3.527	3.820
	22	1.717	2.074	2.508	2.819	3.119	3.505	3.792
	23	1.714	2.069	2.500	2.807	3.104	3.485	3.768
	24	1.711	2.064	2.492	2.797	3.091	3.467	3.745
	25	1.708	2.060	2.485	2.787	3.078	3.450	3.726
	26	1.706	2.056	2.479	2.779	3.067	3.435	3.707
	27	1.703	2.052	2.473	2.771	3.057	3.421	3.690
	28	1.701	2.048	2.467	2.763	3.047	3.408	3.674
	29	1.699	2.045	2.462	2.756	3.038	3.396	3.660
	30	1.697	2.042	2.457	2.750	3.030	3.385	3.646
	32	1.694	2.037	2.449	2.738	3.015	3.365	3.622
	34	1.691	2.032	2.441	2.728	3.002	3.348	3.601
	36	1.688	2.028	2.434	2.719	2.990	3.333	3.582
	38	1.686	2.024	2.429	2.712	2.980	3.319	3.566
	40	1.684	2.021	2.423	2.704	2.971	3.307	3.551
	42	1.682	2.018	2.418	2.698	2.963	3.296	3.538
	44	1.680	2.015	2.414	2.692	2.956	3.286	3.526
	46	1.679	2.013	2.410	2.687	2.949	3.277	3.515
	48	1.677	2.011	2.407	2.682	2.943	3.269	3.505
	50	1.676	2.009	2.403	2.678	2.937	3.261	3.496
	60	1.671	2.000	2.390	2.660	2.915	3.232	3.460
	70	1.667	1.994	2.381	2.648	2.899	3.211	3.435
	80	1.664	1.990	2.374	2.639	2.887	3.195	3.416
	90	1.662	1.987	2.368	2.632	2.878	3.183	3.402
	100	1.660	1.984	2.364	2.626	2.871	3.174	3.390
	120	1.658	1.980	2.358	2.617	2.860	3.160	3.373
	140	1.656	1.977	2.353	2.611	2.852	3.149	3.361
	160	1.654	1.975	2.350	2.607	2.846	3.142	3.352
	180	1.653	1.973	2.347	2.603	2.842	3.136	3.345
	200	1.653	1.972	2.345	2.601	2.839	3.134	3.340

対応のある場合
df =n－ 1

対応のない場合
df =n₁ ＋ n₂－2

課題21　統計－3

提出年月日　　　年　　　月　　　日
授業日　　　　　　曜日　　　限目
氏名
学籍番号

◎回帰直線（y＝a+bX）と関係係数（r）

	x	y	x^2	xy	y^2
合計	ΣXi	Σyi	ΣXi^2	$\Sigma xiyi$	Σyi^2

a＝		r＝		Sxy＝

b＝		t＝		Sxx＝

		r^2＝		Syy＝

$$b = \frac{S_{xy}}{S_{xx}} = \frac{\sum (x_i - \bar{x})(y_i - \bar{y})}{\sum (x_i - \bar{x})^2} = \frac{\sum x_i y_i - (\sum x_i \cdot \sum y_i)/n}{\sum x_i^2 - (\sum x_i)^2/n}$$

$$a = \bar{y} - b\bar{x} = \frac{1}{n}(\sum y_i - b \sum x_i)$$

$$r = \frac{\sum (x_i - \bar{x})(y_i - \bar{y})}{\sqrt{\sum (x_i - \bar{x})^2 \sum (y_i - \bar{y})^2}} = \frac{S_{xy}}{\sqrt{S_{xx} S_{yy}}}$$

$$t = \frac{r}{s_r} = r\sqrt{\frac{n-2}{1-r^2}}$$

$$S_{xx} = \sum x_i^2 - \frac{(\sum x_i)^2}{n}$$

$$S_{yy} = \sum y_i^2 - \frac{(\sum y_i)^2}{n}$$

$$S_{xy} = \sum x_i y_i - \frac{(\sum x_i)(\sum y_i)}{n}$$

表10 相関係数検定表：rの有意点（両側確率）

確率 データ数	0.1	0.05	0.01	0.001
3	.988	.997	1.000	1.000
4	.900	.950	.990	.999
5	.805	.878	.959	.991
6	.729	.811	.917	.974
7	.669	.755	.875	.951
8	.622	.707	.834	.925
9	.582	.666	.798	.898
10	.549	.632	.765	.872
11	.521	.602	.735	.847
12	.497	.576	.708	.823
13	.476	.553	.684	.801
14	.458	.532	.661	.780
15	.441	.514	.641	.760
16	.426	.497	.623	.742
17	.412	.482	.606	.725
18	.400	.468	.590	.708
19	.389	.456	.575	.693
20	.378	.444	.561	.679
21	.369	.433	.549	.665
22	.360	.432	.537	.652
23	.352	.413	.526	.640
24	.344	.404	.515	.629
25	.337	.396	.505	.618

確率 データ数	0.1	0.05	0.01	0.001
26	.330	.388	.496	.607
27	.323	.381	.487	.597
28	.317	.374	.479	.588
29	.311	.367	.471	.579
30	.306	.361	.463	.570
31	.301	.355	.456	.562
32	.296	.349	.449	.554
33	.291	.344	.442	.547
34	.287	.339	.436	.539
35	.283	.334	.430	.532
36	.279	.329	.424	.525
37	.275	.325	.418	.519
38	.271	.320	.413	.513
39	.267	.316	.408	.507
40	.264	.312	.403	.501
42	.257	.304	.393	.490
44	.251	.297	.384	.479
46	.246	.291	.376	.469
48	.240	.285	.368	.460
50	.235	.279	.361	.451
60	.214	.254	.330	.414
70	.198	.235	.306	.385
80	.185	.220	.286	.361
90	.174	.207	.270	.341
100	.165	.197	.256	.324

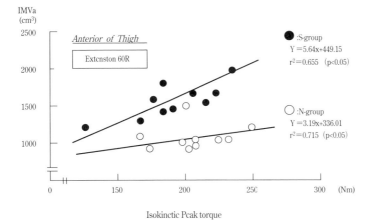

Fig 6. Relationshop between the index of muscle volume (IMV) of the femoral anterion and peak torque for knee extension at 60 deg/sec on right leg.

課題22　統計－4

提出年月日	年	月	日
授業日		曜日	限目

氏名

学籍番号

◎X^2独立性の検定

ある症例を、その組織型（A_1, A_2, A_3）と主たる異型（1, 2, 3）によって分類したその種類と異型との間に一定の傾向があると判定してよいか。

観察度数O_{ij}

	1	2	3	合計(i)
A_1	20	7	3	
A_2	21	15	4	
A_3	9	8	13	
合計(j)				

期待度E_{ij}

	1	2	3	合計
A_1				
A_2				
A_3				
合計				

仮説　H_0 : 判定できない　　　H_1 : 判定できる

$$期待度 E_{ij} = \frac{(第 i \ 行の合計) \times (第 J 列の合計)}{データの総数}$$

$$X^2 = \sum_{i=1}^{3} \sum_{j=1}^{3} \frac{(O_{ij} - E_{ij})^2}{E_{ij}} = \boxed{①}$$

$$自由度 = (l-1) \times (m-1) = \boxed{} \times \boxed{} = \boxed{}$$

有意水準0.01のX^2値は　$\boxed{②}$

$\boxed{① }$　$\boxed{}$　$\boxed{② }$　$\boxed{P }$

よって一定の傾向があるといえるのか　　　（H_1) yes or （H_0) No

x^2 分布表（上側確率）

	$P=0.10$	0.05	0.02	0.01	0.005	0.002	0.001
df= 1	2.706	3.841	5.412	6.625	7.879	9.549	10.828
2	4.605	5.991	7.824	9.210	10.597	12.429	13.816
3	6.251	7.815	9.827	11.345	12.838	14.796	16.267
4	7.779	9.488	11.668	13.277	14.860	16.924	18.467
5	9.236	11.071	13.388	15.086	16.750	18.908	20.515
6	10.645	12.592	15.035	16.812	18.548	20.791	22.458
7	12.017	14.067	16.622	18.475	20.278	22.601	24.322
8	13.362	15.507	18.168	20.090	21.955	24.352	26.124
9	14.684	16.919	19.679	21.666	23.589	26.056	27.877
10	15.987	18.307	21.161	23.209	25.188	27.722	29.588
11	17.275	19.675	22.618	24.725	26.757	29.354	31.264
12	18.549	21.026	24.054	26.217	28.300	30.957	32.909
13	19.812	22.362	25.472	27.688	29.819	32.535	34.528
14	21.064	23.685	26.873	29.141	31.319	34.091	36.123
15	22.307	24.996	28.259	30.578	32.801	35.628	37.697
16	23.542	26.296	29.633	32.000	34.267	37.146	39.252
17	24.769	27.587	30.995	33.409	35.718	38.648	40.790
18	25.989	28.869	32.346	34.805	37.156	40.136	42.312
19	27.204	30.144	33.687	36.191	38.582	41.610	43.820
20	28.412	31.410	35.020	37.566	39.997	43.072	45.315
21	29.615	32.671	36.343	38.932	41.401	44.522	46.797
22	30.813	33.924	37.660	40.289	42.796	45.962	48.268
23	32.007	35.172	38.968	41.638	44.181	47.391	49.728
24	33.196	36.415	40.270	42.980	45.559	48.812	51.179
25	34.382	37.652	41.556	44.314	46.928	50.223	52.620
26	35.563	38.885	42.856	45.642	48.290	51.627	54.052
27	36.741	40.113	44.140	46.963	49.645	53.023	55.476
28	37.916	41.337	45.519	48.278	50.993	54.411	56.892
29	39.087	42.557	46.693	49.588	52.336	55.792	58.301
30	40.256	43.773	47.962	50.892	53.672	57.167	59.703
31	41.422	44.985	49.226	52.191	55.003	58.536	61.098
32	42.584	46.194	50.487	53.486	56.328	59.899	62.487
33	43.745	47.400	51.743	54.776	57.648	61.266	63.870
34	44.903	48.602	52.995	56.061	58.964	62.608	65.247
35	46.059	49.802	54.244	57.342	60.275	63.955	66.619
36	47.212	50.998	55.489	58.619	61.581	65.296	67.985
37	48.363	52.192	56.730	59.892	62.883	66.633	69.346
38	49.513	53.384	57.969	61.162	64.181	67.966	70.703
39	50.660	54.582	59.204	62.428	65.476	69.294	72.055
40	51.805	55.758	60.436	63.691	66.766	70.618	73.402
41	52.949	56.942	61.665	64.950	68.053	71.938	74.745
42	54.090	58.124	62.892	66.206	69.336	73.254	76.084
43	55.230	59.304	64.116	67.459	70.616	74.566	77.419
44	56.369	60.481	65.337	68.710	71.893	75.874	78.750
45	57.505	61.656	66.555	69.957	73.166	77.179	80.077
46	58.641	62.830	67.771	71.201	74.437	78.481	81.400
47	59.774	64.001	68.985	72.443	75.704	79.780	82.720
48	60.907	65.171	70.197	73.683	76.969	81.075	84.037
49	62.038	66.339	71.406	74.919	78.231	82.367	85.351
50	63.167	67.505	72.613	76.164	79.490	83.657	86.661

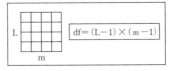

食事チェックリスト

下記の16項目について、あなたが1日に食べた品を選び（　）内の数を右側の空欄に記入して下さい。

	①	②	③	④

1．ご飯は、茶わんに軽く何杯食べましたか？
   （麺類は1杯が4点です）
   イ．1杯（2.5）　ロ．2杯（5）　ハ．3杯（7.5）
   ニ．4杯（10）

2．パンは、食パンとして何枚食べましたか？
   イ．0枚（0）　ロ．1枚（2.5）　ハ．2枚（5）
   ニ．3枚（7.5）

3．いも類をどのくらい食べましたか？
   イ．食べない（0）　ロ．1個（1）　ハ．2個（2）

4．果物はどのくらい食べましたか？
   （1個の目安は、中位のリンゴ1個程度）
   イ．食べない（0）　ロ．1/2個（0.5）　ハ．1個（1）
   ニ．2個（2）

5．魚はどのくらい食べましたか？
   （1切れは80g位の切り身）
   イ．食べない（0）　ロ．1切れ（1）　ハ．2切れ（2）

6．肉は、どのくらい食べましたか？
   （うすぎり肉1枚20g位です）
   イ．食べない（0）　ロ．40g（1）　ハ．80g（2）
   ニ．120g（3）

7．卵は、どのくらい食べましたか？
   イ．食べない（0）　ロ．1個（1）　ハ．2個（2）

8．豆腐は、どのくらい食べましたか？
   （納豆1袋は、豆腐1丁として下さい）
   イ．食べない（0）　ロ．1/4丁（0.5）　ハ．1/2丁（1）
   ニ．1丁（2）

9．牛乳は、何本飲みましたか？
   （チーズ2切れは、牛乳1本として下さい）
   イ．飲まない（0）　ロ．1本（1.5）　ハ．2本（3）

10．油を使った料理（ソティー・揚げ物・サラダ他）を何品食べましたか？
   イ．食べない（0）　ロ．1品（1）　ハ．2品（2）
   ニ．3品（3）

小計

11. 野菜はどのくらい食べますか？
　　イ．あまり食べない（0.5）　ロ．普通に食べた（1）
　　ハ．多めに食べた（1.5）

12. コーラ・ジュースなどを飲みますか？
　　イ．飲まない（0）　ロ．1本（1）　ハ．2本（2）

13. 甘い菓子は、どのくらい食べましたか？
　　イ．食べない（0）　ロ．和菓子1個程度（1）
　　ハ．2個程度（2）

14. 砂糖入りのコーヒー、紅茶は飲みましたか？
　　（砂糖無しは、0です）
　　イ．飲まない（0）　ロ．1杯（0.5）　ハ．2杯（1）
　　ニ．3杯（1.5）

15. 料理に砂糖は使いましたか？
　　イ．ほとんど使わない（0）　ロ．普通に使う（0.5）
　　ハ．たくさん使う（1）

16. アルコール類を飲みましたか？？
　　イ．飲まない（0）　ロ．ビール中1本程度（3）
　　ハ．日本酒1合程度（3）　ニ．ウイスキーシングル（1.5）

記入した数字を順に合計して下さい。
①〜④の点数合計×80Kcalがあなたのおおよその摂取エネルギーです。

1日の摂取エネルギー

（①　　　　点＋②　　　　点＋③　　　　点＋④　　　　点）×80Kcal＝ 　　　　　Kcal

1.	ID　　　　：	3.	測定年月日：
2.	測定回数：　　　　回目	4.	氏名　　　：

課題23　各種動作条件における垂直跳の跳躍高の比較

提出年月日　　　年　　月　　日
授業日　　　　　曜日　　限目
氏名
学籍番号

各種動作条件による垂直跳

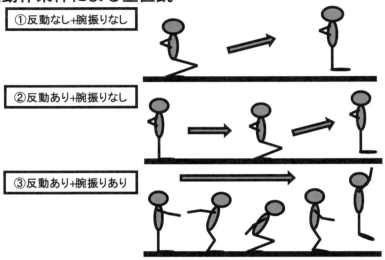

＊測定結果の記入＊

①反動動作なし＋振込動作なし
　　　　　　　　　　ｃｍ

②反動動作あり＋腕振り動作なし
　　　　　　　　　　ｃｍ

③反動動作あり＋腕振り動作あり
　　　　　　　　　　ｃｍ

④反動動作の巧みさ
②－①＝反動動作による増加分　　　□　－　□　＝　□

⑤振込動作の巧みさ
③－②＝腕振り動作による増加分　　□　－　□　＝　□

参考：スプリンター・ジャンパーにおける跳躍高の評価基準（③の場合）

評価	男子	女子
AA	60〜	50〜
A	53〜	43〜
B	47〜	37〜
C	40〜	30〜
D	〜40	〜30

（単位：ｃｍ）

課題24　動体視力及び全身反応時間の測定

提出年月日　　　年　　　月　　　日

授業日　　　　　曜日　　　限目

氏名

学籍番号

いずれかに○をつける。

裸眼　・　メガネ　・　コンタクト

◎静止視力

右＿＿＿＿＿＿＿＿＿＿　　左＿＿＿＿＿＿＿＿＿＿

◎前後方向動体視力（両目）

1回目	2回目	3回目	4回目	5回目	平均
＿＿＿＿＿	＿＿＿＿＿	＿＿＿＿＿	＿＿＿＿＿	＿＿＿＿＿	＿＿＿＿＿

◎横方向動体視力（両目）

	1回目	2回目	3回目	4回目	5回目	平均
左→右	＿＿rpm	＿＿rpm	＿＿rpm	＿＿rpm	＿＿rpm	＿＿rpm
右→左	＿＿rpm	＿＿rpm	＿＿rpm	＿＿rpm	＿＿rpm	＿＿rpm

◎全身反応時間

	1回目	2回目	3回目	4回目	5回目	平均
右	＿＿sec	＿＿sec	＿＿sec	＿＿sec	＿＿sec	＿＿sec
左	＿＿sec	＿＿sec	＿＿sec	＿＿sec	＿＿sec	＿＿sec

索引

ア行

アイソキネティック ……………… 156

アイソトニック ……………………… 156

アイソメトリック ………………… 156

握力 ………………………………… 13, 32

EMG ………………………………… 187

1RM ………………………………… 32

運動基準 …………………………… 13

運動強度 …………………………… 29

NIRS ………………………………… 177

運動単位 …………………………… 156

足把持力 …………………………… 167

カ行

開眼片足立ち ……………………… 66

拡張期血圧 ………………………… 30

Karvonen Formula ……………… 76

近赤外線分光法 ………………… 177

筋電図 ……………………………… 187

筋ポンプ作用 ……………… 136, 177

血圧 ……………………………… 30, 131

高血圧 ……………………………… 78

高血糖 ……………………………… 81

血流 ………………………………… 182

筋硬度 ……………………………… 183

コーディネーション能力 ……… 145

ゴールデンエイジ ……………… 144

高脂血症 …………………………… 79

コロトコフ音 ……………………… 31

健康日本21 ……………………… 119

健康寿命 …………………………… 118

眼球圧迫作用 …………………… 129

サ行

最大酸素摂取量 ……… 19, 36, 254, 258

酸素動態 …………………………… 177

持久走 ……………………………… 54

自転車エルゴメーター ……… 40, 254

Jump Meter ……………………… 149

収縮期血圧 ………………………… 30

小学校用新体力テスト評価表 …… 56

上体起こし …………………… 15, 42

新体力テスト ……………………… 41

身体密度 …………………………… 212

身長 ………………………………… 17

身長成長速度曲線 ……………… 19

心拍数 ……………………………… 29

水中体重 …………………………… 26

垂直跳び …………………………… 34

スキャモン ………………………… 18

Stability …………………………… 171

相関関係 …………………………… 206

ストレッチ・ショートニングサイクル … 149

静脈圧迫作用 …………………… 136

成人新体力テスト評価表 ……… 63

全身反応時間 ……………… 164, 202

ソフトボール投げ ………………… 51

COPD ……………………………… 119

271

サルコペニア ……………………… 122

心筋症 …………………………… 133

心房性ナトリウム利尿ペプチド ………… 135

タ行

体脂肪率 …………………………… 23

体重 ……………………………… 23

立ち幅跳び ………………………… 49

長座体前屈 ………………………… 43

等尺性筋力 ………………………… 156

等速性筋力 ………………………… 156

動体視力 …………………………… 162

トリグリセリド …………………… 78

t検定 ……………………………… 203

ナ行

20mシャトルラン ……………………… 36, 111

ハ行

背筋力 ……………………………… 33

ハイパワー ………………………… 13

%HRreserve ……………………… 76

ハンドボール投げ ………………… 51

反復横跳び ………………………… 45

皮下脂肪 …………………………… 23

BMI ……………………………… 25, 27

肥満判定 …………………………… 27

フレイル …………………………… 121

プライオメトリックトレーニング ………… 159

ファンクショナルリーチテスト ………… 172

ブラスト …………………………… 198

マ行

ミドルパワー ……………………… 13

メタボリックシンドローム …………… 77, 123

Met ……………………………… 76

ミルキングアクション ……………… 137

ラ行

リバウンドジャンプ ……………… 268

リンパ …………………………… 18

レーザーモニター ………………… 178

ローパワー ……………………… 13

ロコモティブシンドローム ………… 120

レニン – アンギオテンシン ………… 135

ラプソード ……………………… 195

編著者寸描

担当：第1章〜第15章

須藤　明治
(すどう　あきはる)

国士舘大学教授　体育学修士、医学博士
社団法人日本スイミングクラブ協会理事（2009年〜）
日本フロアボール連盟　理事　国際委員長（2024年〜）
トライアスロン部・監督、フロアボール部・部長・監督・顧問
◆略歴　1965年生。89年国立鹿屋体育大学卒業。91年国立鹿屋体育大学大学院体育学研究科修士課程修了、95年国立名古屋大学大学院医学研究科博士課程修了、95年〜98年国立大分医科大学医学部生化学教室助手、98年より国士舘大学体育学部講師、2012年同大学大学大学院教授、2012年より現職
◆研究テーマ　競技力向上のスポーツ科学、中高年者を対象とした運動処方、子供の発育発達に即したスポーツ指導法など、スポーツ科学の手法を活かし、多くの人々の健康増進の役立つ研究を目指す。

担当：第1章　第1章〜第15章

山田　健二
(やまだ　けんじ)

国士舘大学大学院スポーツ・システム研究科　修士（体育科学）
健康運動指導士
◆略歴　1986年生。2009年国士舘大学体育学部卒業、2011年国士舘大学大学院スポーツ・システム研究科修士課程修了、2011年同大学院博士課程に進学、2014年同大学院単位取得退学。2022年株式会社Noble Actionにてチーフアナリストとして勤務しながら、国士舘大学体育学部附属体育研究所にて特別研究員として研究に勤しむ。
◆研究テーマ　短距離走能力に及ぼす靴や裸足、サーフェイスによる疾走条件による影響について。野球におけるピッチング、バッティング技術向上に向けたサポート方法について模索し続けている。また、はだし教育の影響について幼児や児童の身体能力がどのような影響を及ぼすかについて。

担当：第14章野球分析

大野　貴弘
(おおの　たかひろ)

株式会社Noble Action 代表取締役社長
国士舘大学特別研究員、体育学修士
日本体育学会東京支部会（東京体育学会）
◆略歴　1989年生。2011年国士舘大学卒業、2013年国士舘大学大学院スポーツ・システム研究科修士課程修了。2011年千葉県公立高等学校保健体育非常勤講師、2012年千葉県私立高等学校保健体育教諭、2019年より現職
◆研究テーマ　野球選手の身体的特徴、ラプソードを用いたストレートの変化量からみた評価、高校野球選手におけるスイング速度に及ぼす体組成の影響、高校野球における競技レベル別の体組成と意識への違いなどスポーツ科学の手法を活かし、多くの野球選手のパフォーマンス向上へ役立つ研究を目指す。

体力測定評価学

2025年4月30日　初版発行

著　者　須藤　明治

山田　健二

大野　貴弘

発行者　鈴木　康一

〒112-0015　東京都文京区目白台1-9-9

発行所

株式会社　文化書房博文社

電　話　03-3947-2034

ＦＡＸ　03-3947-4976

振　替　00180-9-86955

印刷／製本　昭和情報プロセス株式会社

ISBN978-4-8301-1341-3　C0075

学籍番号
氏名